المملكة الأردنية الهاشمية

رقم الإيداع في المكتبة الوطنية

الرقم التسلسلي:٢٠١٠/٩/٣٥٠٥

إسم الكتاب: الإحتيال الإلكتروني (الأسباب والحلول)

إسم المؤلف: أسامة سمير حسين

الواصفات: / التجارة الإلكترونية//الإحتيال الإلكتروني //النصب والإحتيال

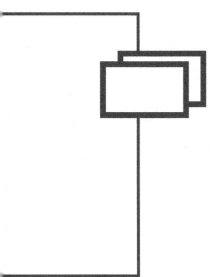

الجنادرية
للنشر والتوزيع
A L J A N A D R I A

الجنادريـــة للنشر والتوزيع

الأردن- عمان – شارع الجمعية العلمية الملكية

مقابل البوابـة الشمالية للـجامعة الأردنية

هاتــــــف: ٥٣٩٩٩٧٩ ٦ ٠٠٩٦٢

تلفاكـــــس: ٥٣٩٩٩٧٩ ٦ ٠٠٩٦٢

ص.ب٥٢٠٦٥١ عمـــان ١١١٥٢ الأردن

Website: www.aljanadria.com

E-mail: dar_janadria@yahoo.com

info@aljanadria.com

• • •

٢

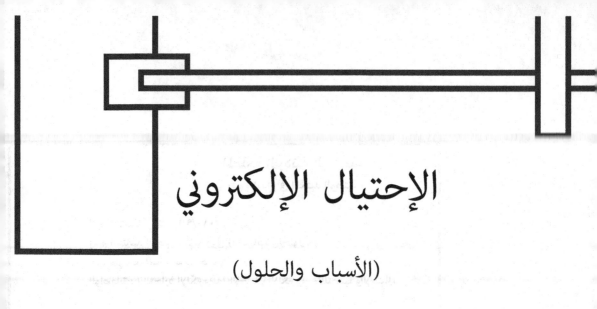

الإحتيال الإلكتروني

(الأسباب والحلول)

تأليف

أسامة سمير حسين

الجنادرية
للنشر والتوزيع
ALJANADRIA

الطبعة الأولى، ٢٠١١

مقدمة الكتاب

بسم الله الرحمن الرحيم والصلاة والسلام على أشرف المرسلين المبعوث رحمة للعالمين سيدنا محمد عليه وعلى آله أفضل الصلاة وأتم التسليم.

الحاسوب وتقنياته والمعلوماتية هي لغة هذا العصر فلو نظرت حولك في هذه اللحظة ستجد نفسك محاطاً بالعديد من الأجهزة والمعدات التكنولوجية، حيث أصبحت الشغل الشاغل للبشر فلا يمكنه إنجاز أي عمل مهما اختلف بدون مساعدة وتدخل الحاسوب وبرمجياته، فأضحت كمعاون له بل وذراعه اليمنى إذا صح التعبير لا يمكنه الإستغناء عنها.

فمهما اختلفت الوجهة ستبقى محاصراً بركام التكنولوجيا في البيت والعمل والشارع والمدرسة فانتشارها واسع جداً نظراً لمحاسنها وقلة تكاليفها ودقة عملها.

علم الحاسوب هو وليد القرن العشرين وظهر في عصر السرعة فمثله مثل أي مجال من مجالات العلوم الأخرى له إيجابيات وسلبيات لا يمكن التغاضي عنها ولكن الفرق الوحيد هو أن سلبياته مصدرها البشر وسوء استخدامهم لتلك التقنية، فهو كوجهان لعملة واحدة، جيد ومستحسن إذا استخدمناه بطرق سليمة وسئ وضار إذا استخدمناه بطرق غير شرعيه تتنافى والقوانين والمبادى والأعراف والعادات المتبعة في كل مكان.

هنا ظهرت فكرة الإحتيال الإلكتروني و(اللصوصية) في البرمجيات فعندما وَجد بعض الأشخاص طرقاً للتحايل على الغير في بيئة (صماء) كبيئة الحاسوب لا رقيب عليها، بدأوا في البحث عن طرق للتحايل على المستخدمين واستنزاف قدراتهم لأبعد الحدود، فلا عجب في ذلك فالمجرم الإلكتروني مثله مثل اللص أو القاتل ولكن يعمل ويدير عملياته في بيئة مختلفة (إفتراضية) فهو عديم الأخلاق

• • • •

والمبادئ يحاول الوصول لأهداف شتى المادية والشخصية والمعنوية وأحياناً عنصرية وسياسية.

الإحتيال الإلكتروني له صور ومجالات متعددة منها الإختراق والتعدي على خصوصية المستخدمين وحتى سرقة الأموال بشكل مباشر فجميعها تدق على باب واحد وهو (الإجرام) فدعت الحاجة لإنشاء أساليب حماية كالتي في الحياة الواقعية من (مراكز أمن وشرطة) ومرادفها في عالم الشبكة والحاسوب الإفتراضي هي أساليب الحماية من برمجيات وطرق وأدوات يمارسها المستخدم وكل من له علاقة بنظام المعلومات.

وأردنا في هذا الكتاب ذكر قضية الإحتيال الالكتروني كقضية جادة ولا عبث فيها وإن كانت في مجتمعنا العربي متخلفة قليلاً لعدة أسباب منها: ضعف الإقبال على التجارة الإلكترونية والتردد المتواضع على خدمات الحكومات الإلكترونية واقتصار المواقع العربية على تقديم الخدمات الترفيهية على عكس المواقع العالمية والأجنبية التي تتنوع بها المواضيع والتخصصات التجارية والمصرفية البنكية، فكان أهم شئ أردنا أن نوضحه في هذا الكتاب هي ان يأخذ المواطن العربي قضية الإحتيال البرمجي والإلكتروني بجدية أكبر، لذلك أحببت ان يكون هذا الكتاب جامعاً لكل ما تطرقه موضوع الجريمة والإحتيال لكي يتسنى للقارئ ان يفهم معنى كلمة (محتال حاسوبي).

فقد ناقشنا في الفصل الأول عملية التجارة الألكترونية كأساس وأرضية يبني عليها المحتال أمانيه وأهدافه المشوهه، وموضوع الحكومة الألكترونية كتطبيق عملي ومباشر على مفهوم التجارة الإلكترونية.

اما الفصل الثاني فقد تطرقت فيه الى موضوع تأثير التكنولوجيا والتقنية على عالم المعلومات والبيانات وبالطبع شبكة الأنترنت نالت النصيب الأوفر من التفصيل والبحث.

الفصل الثالث تناول موضوع جرائم الإنترنت وتعريف المجرم لغوياً والتحليل النفسي لتصرفاته وسلوكه الشاذ، بالإضافة للقوانين والتشريعات الخاصة بعملية الإحتيال البرمجي والتكنولوجي من نواحي قضائية وجنائية وشرعية.

في الفصل الرابع فقد تطرق وناقش بالتفصيل أنواع الهجمات التي من الممكن أن تحدث لنظام المعلومات والحاسوب من جميع النواحي مع ذكر أمثلة عن كل هجمة، فالبرمجيات الخبيثة والإختراق تعد من أكبر التهديدات التي تواجه مستخدمي الشبكات ونظم المعلومات فعند استخدامك للحاسوب تأكد أن هنالك العشرات يتربصون بك وينتظرون ولو لثغرة أمنية واحدة للدخول واختراق نظامك الخاص ولأسباب متعددة ستذكر ان شاء الله.

اما الفصل الأخير فهو كعلاج لتلك الهجمات وحتى الوقاية منها للإبتعاد عن شرورها وأضرارها فقد تطرق وبالتفصيل لجميع وسائل الحماية التي يجب على المستخدم ان يستعملها لكي يحمي ممتلكاته (معلومات-بيانات-معدات) ويبقيها على بر الأمان بعيداً عن الأخطار المحدقة به، ومن أبرز ما نوقش في هذا الفصل هي الجدر النارية وطرق عملها وانواعها المتعددة وأيضاً البرمجيات الخاصة للحماية من البرمجيات والتطبيقات الخبيثة والملوثة.

وأخيراً فقد قدمت بعض النصائح لمستخدم الحاسوب العادي وهي أمور بسيطة وسهلة من المستحسن ممارستها لأنها تجنبه أكبر قدر من الخسائر إذا ما تعرض أو حاول احد ما أن يهاجمه ويحتال عليه.

راجيا من المولى عزّ وجل العون والسداد وأن يجعله عملا خالصا لوجهه الكريم وأن يجعله في ميزان حسناتي، إنه نعم المولى وهو الهادي إلى سواء السبيل.

و الله الموفق

المؤلف

أسامة سمير حسين

الفصل الأول

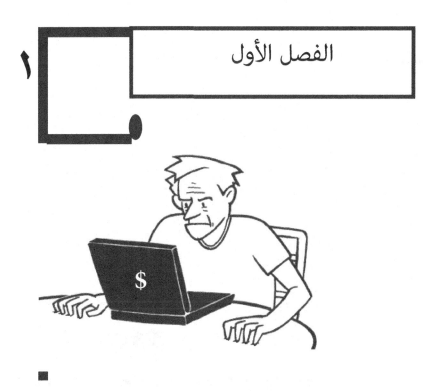

١

التجارة الإلكترونية والأسواق الإفتراضية

التجارة التقليدية

التجارة الالكترونية

الحكومة الإلكترونية كمثال عملي على التجارة الإلكترونية

موقف الشرع من التجارة الإلكترونية

التجارة التقليدية

التجارة

التجارة Trade أو Commerce هو التبادل الطوعي للبضائع، أو الخدمات، أو كليهما معـا، لكـن كلمة Commerce تستخدم أكثر في الإنجليزية للدلالة على التبادل بين كيانات أو دول وليس أفراد.

المكان الذي يتم به تبادل البضائع يدعى تقليديا السوق ثـم أصبحت كلمـة سـوق تـدل علـى مجمل المجال الذي يمكن للتاجر بيع بضاعته فيه فلـم يعـد محصـورا في مكـان واحـد وإنما يشـمل كافة الخيارات المتاحة له للبيع.

يتم التفاوض خلال البيع على سعر البضائع الـذي يقـدر قيمتها ويتم الـدفع حاليـا عـن طريـق وسائل للتبادل التجاري تدعى النقود، بدلا من الشكل التقليـدي للبيـع الـذي كـان عبـارة عـن مقايضـة (بضاعة مقابل أخرى).

تتركز التجارة على تبادل السلع أو الخدمات، التبادلات قد تحدث بين طرفين (تجارة ثنائيـة) أو بين أكثر من طرفين (تجارة متعددة الجوانب).

تم اختراع المال لتسهيل عملية التجارة وفي العصر الحـديث ادخلت بطاقـات الائتـمان والتجارة الإلكترونية لتسهيل تداول الأسهم التجارية وعمليات الشراء الفورية.

تعريف التجارة

○ **المدلول اللغوي**

يقتصر معنى التجارة على مدلول اللغة لكلمة " تجارة " فهي تقليب المال لغرض الربح، وقد عرف العلامة ابن خلدون التجارة في مقدمته المشهورة بأنها : <u>محاولة الكسب بتنمية المال بشراء السلع بالرخيص وبيعها بالغلاء</u>، وبذا يكون أبسط الأعمال التجارية هو شراء سلعة من بثمن أكبر ويكون الفرق هو الربح.

المدلول الاقتصادي لكلمة تجارة ينصب على عملية الوساطة والتوسط بين منتج ومستهلك، وينجم عن ذلك خروج نوعين من الأعمال عن نطاق التجارة وان كانا يقعان على طرفي خط النشاط الاقتصادي ؛ النوع الأول هو ما يقوم به المنتج الأول للسلعة وخاصة إذا تعلق الأمر بالمنتجات الزراعية، أما النوع الثاني : فهو ما يقوم به المستهلك الأخير من أفعال تقتصر ـ على شراء السلعة بهدف استهلاكها والانتفاع بها، ومن هنا نجد تلاقيا بين المفهوم اللغوي للتجارة وبين المفهوم الاقتصادي للتجارة والذي بدوره يتمثل في النشاط والأعمال المتصلة بتداول السلع.

○ **المدلول القانوني**

في هذا الخصوص مفهوم التجارة يتسع ويتجاوز المفهوم اللغوي والاقتصادي ليشمل تحويل المنتجات من حالتها الأولية إلى سلع بقصد بيعها بعد إعادة صنعها وهي ما تسمى بالصناعات التحويلية، وأيضا يشمل النشاط المتعلق بالصناعة والنقل البحري والجوي والبنوك وما يلحق بها من حرف تجارية كالسمسرة والوكالة بالعمولة والتأمين وغيرها .

أنواع التجارة

- الرفاهيات
- السلع
- تجارة العبيد
- التجارة الدولية
- تجارة الأسلحة
- البيع بالجملة

التجارة الالكترونية

هي الأعمال الإلكترونية وعملية إقحام تكنولوجيا المعلومات وخاصة الإنترنت في المعاملات بين العميل ومقدم الخدمة وإقحامها أيضا في عملية تسويق وابتكار المنتج، أي احتواؤها في حلقة الإنتاج وذلك يكون في أحسن الظروف بداية من المزود بالمواد الخام وانتهاء بالعميل المستخدم.

مفهوم التجارة الإلكترونية

تعتبر التجارة الإلكترونية واحدة من التعابير الحديثة والتي أخذت بالدخول إلى حياتنا اليومية حتى أنها أصبحت تستخدم في العديد من الأنشطة الحياتية والتي هي ذات ارتباط بثورة تكنولوجيا المعلومات والاتصالات، التجارة الإلكترونية تعبير يمكن أن نقسمه إلى مقطعين، حيث أن:

الأول: وهو "التجارة"، والتي تشير إلى نشاط اقتصادي يتم من خلال تداول السلع والخدمات بين الحكومات والمؤسسات والأفراد وتحكمه عدة قواعد وأنظمة يمكن القول بأنه معترف بها دولياً.

الثاني: "الإلكترونية" فهو يشير إلى وصف لمجال أداء التجارة، ويقصد به أداء النشاط التجاري باستخدام الوسائط والأساليب الإلكترونية مثل الإنترنت.

التعريف العام للتجارة الإلكترونية

لا يوجد تعريف يمكن القول عنه على أنه تعريف متفق عليه دولياً للتجارة الإلكترونية، ولكن اجتهد المعنيون في هذا الشأن في إدراج العديد من التعاريف حول أدبيات موضوع التجارة الإلكترونية، محاولين الوصول إلى تعريف شامل وعام يقوم على خدمة المتعاملين في التجارة الإلكترونية، ومن هذه التعاريف:

١. منهج حديث في الأعمال موجه إلى السلع والخدمات وسرعة الأداء، ويتضمن استخدام شبكة الاتصالات في البحث واسترجاع المعلومات من أجل دعم اتخاذ قرار الأفراد والمنظمات.
٢. مزيج من التكنولوجيا والخدمات من أجل الإسراع بأداء التبادل التجاري وإيجاد آلية لتبادل المعلومات داخل مؤسسة الأعمال وبين مؤسسات الأعمال، وبين مؤسسات الأعمال والعملاء، أي عمليات البيع والشراء.
٣. إنتاج، وترويج، وبيع، وتوزيع المنتجات بواسطة شبكة اتصالات.
٤. عمليات تبادل باستخدام نظام تبادل البيانات إلكترونياً Electronic Data Interchange ، والبريد الإلكتروني والنشرات الإلكترونية والفاكس وتحويل الأموال بواسطة الوسائط الإلكترونية Electronic Funds Transfer وكذلك كافة الوسائط الإلكترونية المشابهة.
٥. بنية أساسية تكنولوجية تهدف إلى ضغط سلسلة الوسائط استجابة لطلبات السوق وأداء الأعمال في الوقت المناسب
٦. نوع من تبادل الأعمال حيث يتعامل أطرافه بطريقة أو وسيلة إلكترونية عوضاً عن استخدامهم لوسائط مادية أخرى بما في ذلك الاتصال المباشر.

٧. شكل من أشكال التبادل التجاري من خلال استخدام شبكة الاتصالات بين مؤسسات الأعمال مع بعضها البعض، ومؤسسات الأعمال وزبائنها، أو بين مؤسسات الأعمال والإدارة العامة.

٨. استخدام تكنولوجيا المعلومات لإيجاد روابط فعاله بين مؤسسات الأعمال في العمليات التجارية.

٩. نوع من عمليات البيع والشراء ما بين المنتجين والمستهلكين، أو بين مؤسسات الأعمال وبعضها البعض من خلال استخدام تكنولوجيا المعلومات والاتصالات.

١٠. أداء العملية التجارية بين شركاء تجاريين باستخدام تكنولوجيا معلومات متطورة من أجل رفع كفاءة وفاعلية الأداء.

ويمكن أن نخلص إلى تعريف يجمع بين التعاريف سالفة الذكر على النحو التالي: التجارة الإلكترونية هي **"تنفيذ كل ما يتصل بعمليات بيع وشراء السلع والخدمات والمعلومات باستخدام شبكة الإنترنت، بالإضافة إلى الشبكات التجارية العالمية الأخرى"**، ويشمل ذلك:

١. عمليات توزيع وتسليم السلع ومتابعة الإجراءات

٢. سداد الالتزامات المالية ودفعها

٣. إبرام العقود وعقد الصفقات

٤. التفاوض والتفاعل بين المشتري والبائع

٥. علاقات العملاء التي تدعم عمليات البيع والشراء وخدمات ما بعد البيع

٦. المعلومات عن السلع والبضائع والخدمات

٧. الإعلان عن السلع والبضائع والخدمات

٨. الدعم الفني للسلع التي يشتريها الزبائن

٩. تبادل البيانات إلكترونياً (Electronic Data Interchange) بما في ذلك :

- التعاملات المصرفية
- الفواتير الإلكترونية
- الاستعلام عن السلع
- كتالوجات الأسعار
- المراسلات الآلية المرتبطة بعمليات البيع والشراء

تتميز التجارة الإلكترونية بأداء العمليات التجارية من خلال تكنولوجيا المعلومات وشبكات الإتصالات ، وترفع كفاءة الآداء تفاعلية التعامل ، وتتعدى الحدود الزمنية والجغرافية وهي مفهوم شامل لا يقتصر على التبادل التجاري إلكترونياً لكنه يمتد ليشمل التصنيع والإنتاج والتوزيع ، وتعمل على تبسيط ووضوح الإجراءات .

يرجع مفهوم التجارة الإلكترونية إلى بداية السبعينات من القرن العشرين بإستخدام شركات أمريكية شبكات خاصة تربطها بعملائها وشركات أعمالها ، وفي أوائل السبعينات بدأت تطبيقات التجارة الإلكترونية للتحويلات الإلكترونية للأموال Electronic Fund Transfers لكن مدى التطبيق لم يتجاوز المؤسسات التجارية العملاقة وبعض الشركات ، في نفس فترة السبعينات أتى مفهوم تبادل البيانات إلكترونياً (Electronic Data Interchange) الذي وسع تطبيق التجارة الإلكترونية من مجرد معاملات مالية إلى معاملات أخرى وإمتدت التقنية من مؤسسات مالية إلى مؤسسات أخرى .

بدأ إنتشار البريد الإلكتروني مع العمل الشبكي وزاد إنتشاره في الأعمال منذ أوائل الثمانينات كبديل فعّال وسريع للبريد التقليدي والفاكس ، ثم أصبح من أهم الأدوات التي يستخدمها رجال الأعمال والمؤسسات .

مع تحول الإنترنت إلى أداة مالية وربحية في تسعينات القرن العشرين وإنتشارها ونموها خرج مصطلح التجارة الإلكترونية ثم تطورت تطبيقات التجارة الإلكترونية .

بإنتشار شبكة الإنترنت ودخولها الخدمة العامة في النصف الأول من التسعينات ، ثم ظهور شبكة ويب خلال النصف الثاني من التسعينات بدأت الشركات تستخدم البريد الإلكتروني مع خدمات إستعراض وإنشاء مواقع ويب لعرض أنشطتها ومنتجاتها ووسائل الإتصال بها وبينها .

نتيجة تطوير وتحسين صفحات شبكة ويب على الإنترنت وسرعة إنتشارها وتزايد عدد المستخدمين وإدراك أهمية الإنترنت قامت الشركات بإنشاء وتغيير وتحديث مواقع نشاطها فنشرت معلومات الأنشطة وإعلانات الوظائف الخالية وبيانات المنتجات بالرسوم والصور عبر شبكة ويب مع وصلات مرجعية للمنتجات وأقسام الإنتاج والدعم الفني والتراسل إلا أن الوصول إلى المعلومات كان يستغرق وقتاً وجهداً مع صعوبة في الوصول إلى المعلومات بالموقع .

بدأ نمو تطبيقات التجارة الإلكترونية وتطور المعدات والشبكات والبرامج وإزدياد حدة المنافسة بين الشركات وظهرت التطبيقات الكثيرة والإعلانات والمزادات وتجارب الوكلاء الإفتراضيين والواقع الإفتراضي .

بتطوير النظم التفاعلية وأدوات البرمجة التي تتفاعل مع مستخدم الشبكة والمواقع إنتقلت المواقع من مرحلة الإعلانات إلى البيع بإختيار البضائع ومراسلة البائع الذي يقوم بإرسال البضائع وتحصيل قيمتها عند تسليمها .

نظراً لإفتقار الشبكة للتأمين والسرية وتفشي القرصنة وسرقة بطاقات الإئتمان ومن أجل حماية معلومات المستخدم وإستخدام الشبكة بفاعلية أكبر في ترسيخ أنشطة التجارة الإلكترونية بدأت إجراءات تأمين وتوثيق مواقع الشبكة ووجود قواعد بيانات لحفظ معلومات العملاء وإستخدام هذه المعلومات في تحديث قواعد بيانات الموقع .

بتطور تقنيات الإتصالات الشبكية والوصول إلى أدوات تأمين أمكن إستخدام بطاقات الإئتمان في دفع قيمة البضاعة عبر الإنترنت .

بدأت الأعمال الإلكترونية بين الشركات عبر الإنترنت لتنتقل إليها الصفقات التجارية بتفاصيلها وأعمالها الإدارية والوثائق كبوالص التأمين وفواتير

الشحن والعقود وأوامر التحويل البنكي وعروض الأسعار والإعتمادات المستندية وغيرها إلكترونياً بمفاهيم مختلفة عن الطرق التقليدية .

نشأت الأسواق الرقمية كمواقع تلاقٍ لشركات مختلفة إذ تربط مجموعة كبيرة من المصنعين والموزعين وتجار التجزئة وموردي مكونات الإنتاج في صناعة أو نشاط بشبكة معلومات واحدة تحتوي على بياناتهم وتديرها شركة مستقلة تقوم بإظهار مؤشرات المعلومات والتقارير للمشتركين لتبادل المعلومات التجارية وإستثمارها في عقد الصفقات بينهم .

ظهرت شركات التجارة (دوت كوم Com.) كمواقع مستقلة متخصصة في التجارة الإلكترونية ليست تابعاً لشركات الإنتاج أو شركات البيع تتخصص في عرض تجميع منتجات منتجين ليقوم المستهلك بالتسوق والشراء من خلالها ، وتحصل المواقع على نسبة من قيمة المبيعات التي تتم من خلالها .

ظهرت بطاقات الإئتمان الذكية لتحل محل بطاقات الإئتمان العادية وتتيح سرية للتعاملات المالية عبر الشبكة ، ويعتقد أن هذه البطاقة قد تصبح أهم مقومات التجارة الإلكترونية .

أدركت المؤسسات التجارية أهمية الإنترنت ويمكن إدراك مدى أهمية الإنترنت بالنسبة للشركات التجارية من أن نسبة ٧٦ % من عدد المشتركين الجدد في الإنترنت هي من نصيب الشركات والمؤسسات التجارية .

<u>ساهم في تزايد الإهتمام بإشتراك المؤسسات التجارية في الإنترنت :</u>

١- إنخفاض أسعار أجهزة الحاسوب .

٢- تطور شبكة الإنترنت وزيادة السرعة التي تعمل عليها .

٣- الحاجة إلى الإنترنت كمتلقي عالمي للمعلومات والإتصالات .

٤- وجود سوق لعدد كبير من المستخدمين يمكن الوصول إليه .

٥- وجود حالات ناجحة من شركات التجارة الإلكترونية .

في البداية واجه مجتمع الإنترنت الشركات التجارية بالعداء بسبب إنتماء معظم المشتركين القدامى لطائفة الباحثين والعلماء ، لكن التطور شجع الشركات على الدخول في مجال البيع والتجارة والخدمات وسرعات ما تجاوبت معها قطاعات عريضة من المستخدمين .

خصائص التجارة الإلكترونية

<u>تختص التجارة الإلكترونية والمطبقة على شبكة الإنترنت بعدة صفات أهمها:</u>

١. لا يوجد استخدام للوثائق الورقية المتبادلة والمستخدمة في إجراء وتنفيذ المعاملات التجارية، كما أن عمليات التفاعل والتبادل بين المتعاملين تتم إلكترونياً ولا يتم استخدام أي نوع من الأوراق، ولذلك تعتمد الرسالة الإلكترونية كسند قانوني معترف به من قبل الطرفين عند حدوث أي خلاف بين المتعاملين.

٢. يمكن التعامل من خلال تطبيق التجارة الإلكترونية مع أكثر من طرف في نفس الوقت، وبذلك يستطيع كل طرف من إرسال الرسائل الإلكترونية لعدد كبير جداً من المستقبلين وفي نفس الوقت، ولا حاجة لإرسالها ثانية.

٣. يتم التفاعل بين الطرفين المتعاملين بالتجارة الإلكترونية بواسطة شبكة الاتصالات، وما يميز هذا الأسلوب هو وجود درجة عالية من التفاعلية من غير أن يكون الطرفان في نفس الوقت متواجدين على الشبكة.

٤. عدم توفر تنسيق مشترك بين كافة الدول من أجل التنسيق وصدور قانون محدد لكل دولة مع الأخذ بعين الاعتبار قوانين الدول الأخرى، وهذا بدوره يعيق التطبيق الشامل للتجارة الإلكترونية.

٥. يمكن أن يتم بيع وشراء السلع غير المادية مباشرة ومن خلال شبكة الاتصالات، وبهذا تكون التجارة الإلكترونية قد انفردت عن مثيلاتها من الوسائل التقليدية والمستخدمة في عملية البيع والشراء، ومثال ذلك التقارير والأبحاث والدراسات والصور وما شابه ذلك.

٦. إن استخدام أنظمة الحاسبات المتوفرة في مؤسسات الأعمال لانسياب البيانات والمعلومات بين الطرفين دون أن يكون هنالك أي تدخل مباشر للقوى البشرية يساعد على إتمام العملية التجارية بأقل التكاليف وبكفاءة عالية.

من أشكال التجارة الإلكترونية

- **التجارة الإلكترونية بين مؤسسات الأعمال (B٢B)**

حيث تقوم وحدات الأعمال باستخدام شبكة الاتصالات وتكنولوجيا المعلومات لتقديم طلبات الشراء إلى موردیها وتسليم الفواتير، كما تقوم بإجراء عملية الدفع من خلال وسائل عدة مثل استخدام بوابات الدفع الإلكترونية، ويعتبر هذا الشكل من أكثر أنواع التجارة الإلكترونية شيوعا ويطبق بين مؤسسات الأعمال داخل الدولة، أو مع مؤسسات الأعمال خارج الدولة، حيث يتم إجراء كافة المعاملات التجارية إلكترونياً بما في ذلك تبادل الوثائق إلكترونياً.

- **التجارة الإلكترونية بين مؤسسة الأعمال والمستهلك (B٢C)**

توجد على شبكة الإنترنت العالمية مواقع لمراكز تجارية متعددة يستطيع المستهلك ومؤسسة الأعمال عن طريقها إتمام عمليات البيع والشراء فيما بينهما إلكترونياً، وتقوم هذه المواقع بتقديم كافة أنواع السلع والخدمات، كما تقوم هذه المواقع باستعراض كافة السلع والخدمات المتاحة وتنفذ إجراءات البيع والشراء، كما يتم استخدام بطاقات الائتمان من أجل إتمام عمليات البيع والشراء، حيث يعتبر استخدام بطاقات الائتمان في عملية الدفع أكثر شيوعاً واستخداماً بين المستهلك ومؤسسات الأعمال، إضافة إلى إيجاد وسائل دفع إلكترونية أخرى ومطبقة بشكل واسع مثل الشيكات الإلكترونية ودفع النقد عند التسليم، أو أي طريقة أخرى يتم الاتفاق عليها من قبل الطرفين أصحاب العلاقة.

➤ **التجارة الإلكترونية بين مؤسسة الأعمال والحكومة (B2G)**

تقوم الحكومة بعرض الإجراءات واللوازم والرسوم ونماذج المعاملات على شبكة الإنترنت بحيث تستطيع مؤسسات الأعمال أن تطلع عليها من خلال الوسائل الإلكترونية وأن تقوم بإجراء المعاملات إلكترونياً بدون التعامل مع مكاتب المؤسسات والدوائر الحكومية، وتقوم الحكومة الآن بالعمل على ما يسمى بالحكومة الإلكترونية لإتمام تلك المعاملات إلكترونياً.

➤ **التجارة الإلكترونية بين المستهلك والحكومة (G2C)**

هذا النوع من التجارة الإلكترونية يتم بين المستهلك والإدارة المحلية، مثل عملية دفع الضرائب حيث تتم إلكترونياً بدون الحاجة لأن يقوم المستهلك بمراجعة الدوائر الحكومية الخاصة بذلك.

➤ **التجارة الإلكترونية بين المستهلك والمستهلك (C2C)**

ويختص هذا النوع بالتجارة القائمة بين المستهلكين أنفسهم على الشبكة دون تدخل أي طرف آخر، مثل عمليات بيع الأغراض الشخصية أو الإستفادة من الخبرات.

مستويات التجارة الإلكترونية

تلعب درجة تنفيذ الأنشطة الفرعية ذات الارتباط المباشر بأداء المعاملات التجارية دوراً بارزاً بتعدد مستويات التجارة الإلكترونية وذلك طبقا لدرجة الأنشطة، وتتراوح في الأداء بين مستوياتها المختلفة، فهنالك المستويات البسيطة والمستويات الأكثر تطوراً، على النحو التالي:

✓ **التجارة الإلكترونية ذات المستوى البسيط**

يشمل هذا النوع من التجارة الإلكترونية الترويج للسلع والخدمات، إضافة إلى الإعلان والدعاية لتلك السلع والخدمات، بما فيها خدمات قبل وبعد البيع. وتتضمن التجارة الإلكترونية ذات المستوى البّسيط عملية التوزيع الإلكتروني للسلع والخدمات وخصوصا غير المادية منها، إضافة إلى التحويلات البسيطة للأموال وذلك عن طريق بوابات الدفع الإلكترونية.

✓ **التجارة الإلكترونية ذات المستوى المتقدم**

يركز هذا النوع على عمليات وإجراءات الدفع التي تتم عبر الإنترنت، والتي تعتبر عملياً ذات مستوى يحتاج إلى توعية كبيرة من قبل المتعاملين على هذا المستوى. وتعتبر عمليات الدفع - سواء كانت على المستوى المحلي أو الوطني أو الدولي- عمليات ذات تطور متقدم وبحاجة إلى أخذ الحيطة والحذر عند التعامل على هذا المستوى.

فوائد التجارة الإلكترونية

تطورت الأنشطة الإقتصادية وتميزت بالإتجاه نحو العولمة ، وزاد تطور الإتصالات وتكنولوجيا المعلومات وتطور حماية التعاملات التجارية من إنتشار التجارة الإلكترونية ، وأثبتت بعض التجارب نجاحاً نتيجة التطور وزيادة حدة الترابط بين الأسواق .

وفيما يلي نعدد بعض الفوائد التي نجنيها من التجارة الإلكترونية :

١- تعتبر التجارة الإلكترونية وسيلة فعّالة لتوسيع نطاق الأسواق المحلية بحيث تتصل ببعضها البعض على مستوى العالم ، ومن ثم تساهم بكفاءة في تسويق السلع والخدمات على مستوى العالم.

٢- تساعد على سرعة الإستجابة لطلبات العملاء إذا ما قورنت بالمعاملات الورقية التقليدية التي تستغرق وقتاً أطول حتى يمكن تلقي أوامر الشراء الرد عليها .

٣- تعمل على تخفيض تكاليف المراسلات البريدية والدعاية والإعلان والتوزيع والتصميم والتصنيع بنسبة لا تقل عن ٨٠ % من التكلفة الكلية .

٤- تقليل المخاطر المرتبطة بتراكم المخزون من خلال تخفيض الزمن الذي يستغرقه معالجة البيانات أو المعاملات المتعلقة بالطلبيات .

٥- تخفيض تكلفة إنشاء المتاجر الإلكترونية بالمقارنة بتكلفة إنشاء المتاجر التقليدية مما ينعكس إيجابي على تكلفة إتمام الصفقات التجارية .

٦- تساعد التجارة الإلكترونية على توفير نظم معلومات تدعم إتخاذ القرارات الإدارية من خلال نظام تبادل المعلومات بدقة وبطريقة علمية تحقق القدرة على الرقابة والضبط المحاسبي .

٧- تعتبر التجارة الإلكترونية أحد الآليات الهامة التي تعتمد عليها عولمة المشروعات التجارية والإنتاجية والبنوك والبورصات .

٨- سهولة آداء المدفوعات الدولية المترتبة على الصفقات التجارية بواسطة النقود الإلكترونية المقبولة الدفع عالمياً وخلال فترة زمنية قصيرة .

٩- القدرة على إنشاء تجارة متخصصة .

١٠- التجارة الإلكترونية تسمح بتخفيض المخزون عن طريق إستعمال عملية السحب في نظام إدارة سلسلة التزويد .

١١- التجارة الإلكترونية تخفض تكاليف الإتصالات السلكية واللاسلكية فالإنترنت أرخص بكثير من شبكات القيمة المضافة (Networks Added Value).

يمكن تقسيم فرص وفوائد التجارة الإلكترونية إلى ثلاثة مستويات رئيسية هي:

أولاً: فوائد وفرص التجارة الإلكترونية للمجتمع :

❖ التجارة الإلكترونية آداءة لزيادة القدرة التنافسية وزيادة الصادرات بسهولة الوصول إلى مراكز الإستهلاك، وإمكانات تسويق السلع والخدمات عالمياً،

وسرعة عقد وإنهاء الصفقات وتحليل الأسواق والإستجابة لتغيرات إحتياجات ومتطلبات المستهلكين .

- ❖ تخلق التجارة الإلكترونية فرص العمل الحر والعمل في المشروعات الصغيرة والمتوسطة التي تتصل بالأسواق العالمية بأقل تكلفة إستثمارية ، وتمثل تجارة الخدمات مجالاً أساسياً في التجارة الإلكترونية .
- ❖ تعمل التجارة الإلكترونية على زيادة عدد الأفراد الذين يعملون من داخل منازلهم ويقلل من الإحتياج للخروج من المنزل من أجل التسوق مما يؤدي إلى تقليل عدد السيارات على الطرق وبالتالي الحد من التلوث .
- ❖ تمكن التجارة الإلكترونية لشعوب العالم الثالث والمناطق الريفية بالتمتع بالمنتجات والخدمات التي لم تكن متاحة لهم من قبل مثل فرصة تعلم مهنة والحصول على شهادة جامعية تسهل التجارة الإلكترونية وصول الخدمات العامة للأفراد مثل الرعاية الصحية والتعليمية وتوزيع الخدمات الإجتماعية الحكومية بتكلفة منخفضة وجودة أعلى .

ثانياً: فوائد وفرص التجارة الإلكترونية للشركات :

- ❖ تقديم خدمات التجارة الإلكترونية يتطلب الوقت والطاقة والتجديد والمبادرة ، وإذا كانت الأدوات والبرامج لتنفيذ موقع وتشغيله تتطور فإن هذا لا يصعب مهمة أصحاب مواقع التجارة الإلكترونية بل يزيد من إمكانات هذه المواقع بما توفره التقنيات الجديدة .
- ❖ ويعد خفض التكلفة ميزة هامة من مزايا التجارة الإلكترونية حيث تتيح للشركات زيادة أرباحها مع خفض تكاليف التبادل من خلال التشغيل الإلكتروني للبيانات .
- ❖ توسيع الأسواق بالدخول للأسواق العالمية.

<u>تقدم التجارة الإلكترونية مزايا تستفيد منها الشركات مثل :</u>

أ- التسويق الأكثر فعالية والأرباح الأكثر ، فإعتماد الشركات على الإنترنت في التسويق يتيح عرض منتجاتها وخدماتها في العالم دون

إنقطاع مما يوفر فرصة أكبر لجني الأرباح إضافةً إلى وصولها إلى المزيد من الزبائن .

ب- تخفـيض التكـاليف الإداريـة وتكـاليف الشـحن والإعـلان ومعلومـات التصـميم والتصـنيع وتخفيض مصاريف الشركات .

ج- القدرة على إنشاء شركات عالمية التخصص .

ثالثاً: فوائـد وفرص التجارة الإلكترونية للمستهلكيـن :

❖ تسمح التجارة الإلكترونية للعملاء بالتسوق وإجـراء التعـاملات الأخـرى عـلى مـدى ٢٤ سـاعة يومياً على مدار العام من أي مكان .

❖ تقدم التجارة الإلكترونية للعملاء بإستمرار منتجات وخدمات أقلّ ثمناً وذلـك بـأن تسـمح لهـم بالتسوق من أماكن عديدة وإجراء مقارنات سريعة .

❖ تسـمح التجـارة الإلكترونيـة بالتسـليم السـريع في بعـض الحـالات وخاصـةً بالنسـبة للمنتجـات الرقمية .

❖ تشجيع المنافسة يعني خفض الأسعار ، تقليل التكـاليف مـن شـأنه أن يقلـل أسـعار المنتـج ، والمنافسة تعني تحسين مستوى المنتج وتوفير خدمات قبل وبعد البيع وتحسـين جـودة المنتـج نتيجة التنافس .

❖ توفير معلومات المنتجات والأسواق ، وسرعة تلبية إحتياجات المستهلك ، وفرص عمل جديـدة وخدمات ومنتجات جديدة .

❖ الحصول على عينات مجانية للسلع الرقمية (Demo/Trail)

التغيـرات التـي أحدثتها التجارة الإلكترونية

لم تعد التجارة الإلكترونية من الأحلام المستقبلية كـما كانـت في القـرن المـاضي ، فهـي تـتم الآن بصورة ناجحة وخاصةً في الدول المتقدمة تكنولوجياً ، حيث تعتبر كل من الولايات المتحدة، اليابان وأوربا هي الفائدة لهذه التجارة في مفهومها وتحقيقها . فهي تتطور بصورة سريعة لـديهم خاصـةً مـع إزديـاد الإستثمارات المباشرة في تكنولوجيا الإتصالات وتقنية المعلومات وبعد إتاحة الإنترنت للعوام بعد أن كانت قاصرة على هيئة حكومية واحدة فقط والنمو السريع

للإنترنت سيؤثر بدوره على درجة فاعلية التجارة الإلكترونية التي ستكون في المستقبل السمة السائدة للتمتع التجاري في المجتمعات ككل سواء كانت عربية أو غير عربية ، حيث ستحاول الشركات إستغلال كل إمكانياتها في التجارة الإلكترونية مما سيؤدي بدوره إلى تقدم العمليات التجارية على مجتمعات العالم بصورة تفوق كل توقعات العملاء والمستهلكين من حيث تعريف وتحديد السوق أو خلق أسواق جديدة بأكملها.

فكل الشركات التي تتجاهل التكنولوجيا الحديثة سوف تتأثر بهذه التغيرات في الأسواق ، وعلى حد سواء فإن أعضاء المجتمع سوف يكونوا ظاهرين بصورة جيدة لشراء السلع والوصول للمعلومات والخدمات فالإختيار سوف يكون ممتد بصورة كبيرة وسوف تستبعد القيود والجغرافية الزمنية .

من المنتظر مع نمو وتطور التجارة الإلكترونية وجود تغيرات لصورة الشركات الحالية يتمثل في عدة عناصر :

- ✓ إختفاء إدارات التسويق بالمعنى التقليدي لتحل محلها برامج الحاسوب .
- ✓ تداخل الأدوار بين الموردين والمصنعين والبائعين .
- ✓ إختفاء دور رجل البيع التقليدي لتحل محله مواقع الإنترنت .
- ✓ ظهور متاجر إفتراضية لا تحتاج زيارة المحلات بل يمكن معاينة البضائع إلكترونياً وبالتالي أيضاً إختلاف طريقة التبضع .
- ✓ قلة الحاجة إلى المباني الضخمة في الشركات .
- ✓ التعامل مع أنواع متعددة من البضائع .
- ✓ إختفاء مخازن الشركات بحيث توجه الطلبات لمراكز الإنتاج لتوصيلها .
- ✓ آلية التعامل مع العميل والمورد والمنتج .
- ✓ التحول في ميزان القوة التجارية بتزايد نفوذ الزبون .
- ✓ إختلاف العلاقة بين المنتج والموزع والبائع والزبون .
- ✓ التنظيم العالمي وتدخل الدول الكبرى لحماية مصالحها .
- ✓ إتجاه نقل خدمات الإنترنت للمنازل يعزز من دور تجارة الإنترنت ووجود عدد من العملاء في منازلهم يمكنهم الوصول للمتاجر الإلكترونية .

- ✓ سباق إمتلاك مواقع الإنترنت يعني أن نجاح الشركات أصبح مرهوناً بمواكبتها للتحولات الطارئة والتغييرات المتعاقبة السريعة في الأسواق المالية والتكنولوجية وإتجاهات العملاء وفي مقدمتها شبكة الإنترنت .

كما أدت التغيرات التنظيمية التي أحدثتها التجارة الإلكترونية في الشركات إلى إحداث تأثيرات في هيكل السوق ، فالسوق وفق مفهوم التجارة الإلكترونية هو سوق واحد في العالم يدعى السوق العالمي ويشمل العالم أجمع ، وقد خلق هذا التطور في برامج التسويق الإلكترونية تحديات جديدة لمدراء التسويق تتمثل بظهور منافسين جدد لا ينتمون إلى القطاع التجاري أو الصناعي نفسه ، وظهور وسطاء غير معروفين على شكل مواقع تجارية على الإنترنت لبيع المستهلكين سلعاً تشتريها من الآخرين ، وظهور تحالفات إستراتيجية بين الشركات لتوسيع منافستها في الأسواق العالمية ، والتغير في تكاليف الصفقات التجارية وهي السمة الجاذبة للتجارة الإلكترونية وتتمثل بالإنخفاض الكبير في تكاليف الصفقات التجارية وهو من الأسباب التي عجلّت بتطور التجارة الإلكترونية ، والتغير في طبيعة مهام عمل موظفي الشركات خاصةً وظائف العاملين في المبيعات والتسويق والإعلان ، مما يقتضي إعداد برامج تدريب لإضافة مهارات جديدة إلى الموظفين العاملين في هذه المجالات .

التجارة الإلكترونية بين قطاعات الأعمال

تمثل التجارة الإلكترونية بين قطاعات الأعمال الحجم الأكبر من قيمة التجارة الإلكترونية الكلية حيث تصل نسبتها إلى حوالي ٨٠ % من حجم المعاملات الإلكترونية التجارية الكلية .

سبقت التجارة الإلكترونية بين قطاعات الأعمال باقي الأنواع نظراً لما توفره من آليات تؤدي إلى تسهيل المعاملات وتخفيض التكلفة بالإضافة إلى تحقيق أعلى درجة من إستخدام الموارد المتاحة لمؤسسات العمل لتعظيم الإنتاجية وزيادة الربحية .

مرت التجارة الإلكترونية بين قطاعات الأعمال بثلاث مراحل أساسية بدأت منذ إستخدام أجهزة الحاسوب في مؤسسات الأعمال وتتضمن هذه المراحل الآتي :

✓ **مرحله الإرتباط بين الشركات الكبيره والموردين الرئيسيين لها :**

بدأت هذه المرحلة مع عام ١٩٥٧م عندما بدأت الشركات الكبيرة في إستخدام الحسابات الرئيسية في آداء بعض عملياتها وبخاصة تلك العمليات المتصلة بإدارة المخزون من مكونات الإنتاج .

إعتمدت الفكرة على تركيب نهايات طرفية للحاسب الرئيسي للشركة الكبيرة عند الموردين الرئيسيين وبصورة تتيح للمورد الرئيسي الإطلاع على مستوى المخزون المتاح لدى الشركة الكبيرة من الأصناف التي يقوم بتوريدها لها ثم يقوم بناءاً على ذلك بتلبية متطلبات الشركة للحاسب الرئيسي للشركة الكبيرة عند الموردين الرئيسيين وبصورة تتيح للمورد الرئيسي الإطلاع على مستوى المخزون المتاح لدى الشركة الكبيرة من الأصناف التي يقوم بتوريدها لها وتغذية الحاسب بالبيانات مباشرة .

✓ **مرحلة التبادل الإلكتروني للوثائق بإستخدام الشبكة الخاصة :**

بدأ إستخدام نظم التبادل الإلكتروني للوثائق بإستخدام الشبكة الخاصة (Electronic Data Interchange) في صناعة السيارات (وبخاصة سيارات النقل) وذلك منذ أكثر من ٣٥ عام في ديترويت والتي تعد مدينة السيارات في الولايات المتحدة الأمريكية .

يعتمد نظام التبادل الإلكتروني للوثائق على وجود نظام قياسي يستخدم لتحقيق الربط بين الحسابات والنظم المختلفة ، ويقوم برنامج خاص بتحويل شكل ونمط البيانات المستخدمة في حاسب معين إلى النمط الخاص بالنظام القياسي أو العكس ومن خلال ربط الحسابات بعضها ببعض بما يحقق التبادل في الوثائق بالرغم من إستخدام النظم المستخدمة .

المجالات التي يغطيها التبادل الإلكتروني

نجحت أنظمة التبادل الإلكتروني للوثائق في الدخول إلى مجالات عديدة ومتعددة حتى يمكن أن يقال أنها قد تطرقت إلى كافة أنواع المعاملات التي تتم بين مؤسسات الأعمال ومن بين ذلك :

○ كافـة المعـاملات التجاريـة المتعلقـة بالصـفقات التجاريـة والتعاقـدات والإجـراءات الخاصـة بالمزايدات والمناقصات والممارسات .

○ كافة أنواع المعاملات الخاصة بتكامل العمليات المتعلقة بالإنتاج والتصميم .

○ كافة المعاملات المالية والبنكية بـين مؤسسـات الأعـمال والمؤسسـات الماليـة أو بـين مؤسسـات الأعمال بعضها البعض .

○ كافة المعاملات المتعلقة بالخدمات بين الأفراد / المؤسسات والجهات الحكومية (مثل التقارير الطبية ، نتائج الإختبارات والإمتحانات ، والضرائب والجمارك ، .... إلخ) .

○ لا يتوقف العمل في زيادة المجالات التي يغطيها التبادل الإلكتروني للوثائق حيث تتيح المعايير القياسية بإستمرار إمكانية زيادة الرسائل التي يتفق على أهميتها وضرورتها .

المعاييـر القياسيـة لنظم التبـادل الإلكتروني :

١- تعبِّر المعايير القياسية لنظم التبادل الإلكتروني عن أسلوب ونمط وشكل وتكوين الرسائل هـو يشـمل القواعد الحاكمة لصورة الرسالة القابلة للتداول بإستخدام هذا النظام .

٢- يوجد أكثر من نظام معياري منهم :

■ النظام الأمريكي

■ نظـام الأمـم المتحـدة الخاص بالتجـارة

■ النظام العـام للإدارة والتجارة والنقل

■ النظـام الأوربـي العـام لتبـادل البيانات

■ النظام الإنجليزي

المزايا التي يوفرها إستخدام نظام التبادل الإلكتروني للوثائق :

يحقق إستخدام نظام التبادل الإلكتروني للوثائق مزايا متعـددة لمؤسسـات الأعـمال والشـركات التـي تقوم بإستخدامه ، فبالإضافة إلى المزايا المتعلقة بخفض التكلفة الناتجـة عـن تقليل الأعبـاء في إتمام المعاملات فهناك المزايا التالية :

١- المزايا على المستوى الإستراتيجي

❖ تحقيق دورة تجارية في وقت أقل .

❖ إمكانية تطبيق النظام الخاص بالإنتاج الموقوت Just in Time

❖ زيادة كفاءة العمليات الإنتاجية والتجارية .

❖ إمكانية كسب عملاء جدد والإحتفاظ بالعملاء الحاليين .

❖ زيادة القدرة التنافسية للشركة وبالأخص في مواجهة المؤسسات الجديدة الداخلة حديثاً إلى الأسواق .

❖ إمكانية خلق تجمعات إقتصادية متكاملة تحقق حد أدنى من حجم الأعمال .

٢-المزايا العلمية المباشرة

❖ خفض التكاليف ويشمل ذلك :

✔ تكاليف إستخدام الورق وتكاليف البريد .

✔ تقليل فترة بقاء المخزون .

✔ تقليل تكلفة عمليات الحاسب الآلي (إدخال ، طباعة ، مراجعة ، تصحيح ، .. إلخ) .

❖ تحسين التدفقات النقدية للشركة .

❖ زيادة معاملات الأمن وتقليل الأخطاء .

❖ ضمان وتأكيد المعاملات من خلال ما تسميه النظم .

٣-المزايا غير المباشرة

❖ تحسين صورة المؤسسة .

❖ زيادة المنافسة .

❖ زيادة حجم علاقات المؤسسة التجارية .

المعاملات الإلكترونية

شبكة القيمة المضافة

إعتمد نظام التبادل الإلكتروني على إستخدام شبكات خاصة لتوفير تبادل الرسائل الإلكترونية بصورة آمنة وبطريقة سريعة وذلك للتحول عن الأساليب التقليدية في تداول البيانات ، والتي قامت في البداية على تبادل الوسائط الممغنطة .

كانت شركة **ANA** الإنجليزية رائدة في تقييم الإحتياجات اللازمة لتبادل البيانات وقامت بعمل دراسة مقارنة بين إستخدام نقل البيانات عن طريق وسائط ممغنطة يتم تبادلها بطريقة البريد العادي أو بأي وسائل إنتقال وبين إستخدام شبكة خاصة لتبادل البيانات الرسمية وإنتهت الدراسة إلى أن شبكات تبادل البيانات تحقق كفاءة أعلى حتى على مستوى تكاليف التشغيل مقارنة بأساليب النقل للوسائط الممغنطة في حالات عديدة .

أشهر شبكات القيمة المضافة

- قامت شركة أستيل ISTEL في بريطانيا ونجحت في تحقيق الربط الإلكتروني بين الشركات العامة في مجال صناعة السيارات والصناعات الهندسية ، ثم قامت شركة أيه تي أند تي AT&T بشراء هذه الشركة وأصبحت المالكة الوحيدة لها .
- أيضاً قامت شركة أي بي أم IBM بدخول عالم شبكات القيمة المضافة وحققت نجاحاً ملحوظاً في مجال شركات التأمين .
- بالإضافة إلى هذه الشركات الكبيرة والعملاقة في مجال شبكات القيمة المضافة والتبادل الإلكتروني للوثائق فإن هناك العديد من الشركات الصغيرة التي حققت تواجداً في هذا المجال ومنها شركات أوتو لنك Auto Link وشركة دايل نت Dail Net .

المزايا التي توفرها شبكات القيمة المضافة

١- حققت شبكات القيمة المضافة في بداية عملها إمكانية لإتصال الشركة مع مجموعة الشركات المرتبطة بها في آداء عملها في صورة شبكة معلقة آمنة .

٢- تعمل شبكات القيمة المضافة في الأصل بأسلوب البريد الإلكتروني حيث تتلقى الشبكة الرسالة من المرسل وتقوم بالتعرف على عنوان المرسل إليه وتوضع الرسالة بناءاً على ذلك في صندوق البريد الإلكتروني الخاص بالمرسل إليه وبالطبع فإن ذلك يتم في أجزاء من الثانية .

٣- تحقق شبكات القيمة المضافة لمشتركيها خدمة قوائم الرسالة التي تمّ إرسالها أو إستقبالها بما يحقق وجود مرجعية يمكن الإعتماد عليها في حالة ظهور أي مشاكل بين الأطراف المتعاملة تجارياً .

إحصائيات لحجم إستخدام التجارة الإلكترونية

لقد بلغ حجم التجارة الإلكترونية في العالم حوالي ٣,٨ تريليون دولار في عام ٢٠٠٣، وذلك وفقا لتقديرات الأمم المتحدة، وقد تضاعف الرقم ليصل إلى ٦,٨ تريليون دولار في نهاية عام ٢٠٠٤، وإن نحو ٨٠٪من حجم التجارة في العالم يتم في الولايات المتحدة الأمريكية، ١٥٥ في أوروبا الغربية، ٥% في بقية دول العالم، معظمها أو نحو ٤% منها يتم في اليابان، كما ويشكل حجم التجارة الإلكترونية بين مؤسسات الأعمال (Business to Business) حوالي ٨٠% من حجم التجارة الإلكترونية في العالم، وتراوحت قيمة التجارة بين مؤسسات الأعمال في الاتحاد الأوروبي بين ١٨٥ مليار دولار و٢٠٠ مليار دولار في عام ٢٠٠٢، كما أن التجارة الإلكترونية بين مؤسسات الأعمال قد وصلت في أوروبا الوسطى والشرقية إلى حوالي ٤ مليارات دولار في عام ٢٠٠٣، وقد نمت هذه التجارة بشكل متسارع في منطقة آسيا والمحيط الهادئ من حوالي ١٢٠ مليار دولار في عام ٢٠٠٢ إلى حوالي ٣٠٠ مليار دولار بنهاية عام ٢٠٠٣، وفي أمريكا اللاتينية بلغت قيمة الصفقات التجارية بين مؤسسات الأعمال على الشبكة مباشرة ٦,٥ مليارات في عام ٢٠٠٢ وارتفعت لتصل إلى ١٢,٥ مليار دولار في عام ٢٠٠٣.

إن نسبة مستخدمي الإنترنت الذين يشترون بواسطة الشبكة مباشرة كانت أعلى في الولايات المتحدة الأمريكية والمملكة المتحدة وشمال أوروبا الغربية خلال

الفترة ٢٠٠٠-٢٠٠١، إذ بلغت نسبت مستخدمي الشبكة بعمليات شراء على الشبكة مباشرة حوالي ٣٨%،
أما في المكسيك فقد بلغت النسبة أقل من ٠,٦%.

التجارة الإلكترونية في الوطن العربي

إن التشريعات العربية في شأن التجارة الإلكترونية تنمو ببطء وعلى استحياء فحتى الآن لم يصدر
سوى قانون التجارة الإليكترونية في تونس ودبي والأردن والبحرين وفي مصر ـ أعد مشروع لهذا القانون
بمعرفة مركز المعلومات ودعم اتخاذ القرار بمجلس الوزراء ولا زال حبيساً في الأدراج حتى الآن، كما أعد
تشريع التجارة عن بعد في الكويت ولم يصدر بعد.

معوقات استخدام التجارة الإلكترونية

يعود ضعف التعامل بالتجارة الإلكترونية في الدول النامية إلى عدة أسباب أهمها:

١. انخفاض مستوى دخل الفرد وعدم القدرة على تحمل تكاليف الإتصال بالشبكة.

٢. عدم وجود وعي لما يمكن أن توفره تكنولوجيا المعلومات والتجارة الإلكترونية، والافتقار إلى
    ثقافة مؤسسات أعمال منفتحة على التغيير والشفافية.

٣. عدم كفاية البنية التحتية للاتصالات اللاسلكية والوصول بشبكة الإنترنت.

٤. الافتقار إلى الأطر القانونية والتنظيمية المناسبة.

٥. عدم استعمال اللغة المحلية والمحتوى المحلي.

٦. نقص المبادرة الفردية.

٧. الافتقار إلى نظم دفع يمكن في دورها أن تـدعم الصفقـات التجاريـة التـي تجـرى علـى شبكة
    الإنترنت.

٨. المقاومة الثقافية للتجارة الإلكترونية على شبكة الإنترنت.

٩. عدم وجود ميزة فحص ومعاينة السلع قبل عملية الشراء.

الحكومة الإلكترونية كمثال عملي على التجارة الإلكترونية

نظام حديث تتبناه الحكومات باستخدام الشبكة العنكبوتية العالمية والإنترنت في ربط مؤسساتها بعضها ببعض، وربط مختلف خدماتها بالمؤسسات الخاصة والجمهور عموماً، ووضع المعلومة في متناول الأفراد وذلك لخلق علاقة شفافة تتصف بالسرعة والدقة تهدف للارتقاء بجودة الأداء، ويعتقد أن أول استخدام لمصطلح "الحكومة الإلكترونية" قد ورد في خطاب الرئيس الأمريكي بيل كلينتون عام ١٩٩٢.

تعريف الحكومة الإلكترونية

لا يوجد تعريف محدد لمصطلح الحكومة الإلكترونية نظراً للأبعاد التقنية والإدارية والتجارية والاجتماعية التي تؤثر عليها، وهناك عدة تعريفات للحكومة الالكترونية من أكثر من جهة دولية، وفي العام ٢٠٠٢ عرفت الأمم المتحدة الحكومة الالكترونية بأنها "استخدام الإنترنت والشبكة العالمية العريضة لتقديم معلومات وخدمات الحكومة للمواطنين"، أيضاً، وقدمت منظمة التعاون والتنمية في المجال الاقتصادي (OECD) في عام ٢٠٠٣، التعريف التالي "الحكومة الإلكترونية هي استخدام تكنولوجيا المعلومات والاتصالات وخصوصاً الإنترنت للوصول إلى حكومات أفضل"، وهناك أيضاً تعريفات أخرى لعدد من الباحثين في مجال الحكومة الالكترونية فمنهم من عرفها بأنها وسيلة لتحسين القطاع العام والحكومي، وآخرون عرفوها كوسيلة لتحقيق الإصلاح وتغير العمليات والهيكلية والثقافة الحكومية، وآخرون ركزوا على جانب تحسين الاتصال مع المواطن وتحقيق ديموقراطية أكبر، وأخيراً هناك من ذكر أنها قضية تجارية تتعلق بزيادة العوائد وتحسين الأداء والوضع التنافسي للهيئات والدوائر الحكومية.

فالحكومة الإلكترونية هي النسخة الإفتراضية عن الحكومة الحقيقية مع بيان إن الحكومة الالكترونية تعيش محفوظة في الخوادم (السيرفر) الخاصة بمراكز حفظ

البيانات (Data Center) للشبكة العالمية للأنترنت، وتحاكي أعمال الحكومة التقليدية والتي تتواجد بشكل حقيقي ومادي في أجهزة الدولة.

نماذج الخدمة المقدمة

طبيعة الخدمات متعددة ولكن بصورة رئيسية فهي تنقسم إلى النماذج التالية:

- الخدمات المتبادلة بين الحكومةُ والعميل (الفرد من الجمهور) واختصاراً تعرف بـ(G٢C)
- الخدمات المتبادلة بين الحكومة والأعمال (الشركات والمؤسسات التجارية) وتعرف اختصاراً بـ (G٢B)
- الخدمات المتبادلة بين مؤسسات الحكومة بين بعضها البعض وتعرف بـ(G٢G)
- الخدمات المتبادلة بين الحكومة وموظفيها وتعرف بـ(G٢E)

ولقد أدى ظهور المجتمعات الالكترونية (e-society) ظهور الشركات الالكترونية (e-Business) والتجارة الالكترونية(e-Commerce) ، والتي حققت مكاسب كبيرة في القطاع الخاص.

وأما في مجال تقديم الخدمات الإلكترونية تستطيع الوسائل المتعددة للمعرفة إعطاء الكثير من الفعالية على طريقة شرح خدمات والبحث عنها والوصول إليها ومن الممكن أن يتم تقديم الخدمات معرفياً كالتالي:

- معرفة طبيعة الإجراءات المرتبطة بالخدمة، وفائدتها وأهدافها.
- من هو المسؤول عن تقديم هذه الخدمة والوقت اللازم للحصول عليها.
- موقع تقديم الخدمات الالكترونية والوثائق المطلوبة من المواطن.
- معرفة الرسوم الواجبة على المواطن لتقديم هذه الخدمات إليه.

ولو أستقرئنا العدد الكبير للخدمات الحكومية المحتملة فيصبح وصف هذه الخدمات معرفياً من الأمور الهامة من أجل إيصالها للمواطن والاستفادة منها ومنا يأتي دور أنظمة إدارة المعرفة ومنها إدارة المحتوى والكائنات المعرفية.

وشكلت الحكومة الاكترونية حافزاً للقطاع العام لكي يتطور تكنولوجيا ويلبي رغبات المجتمعات الالكترونية والشركات التي تتعامل من خلال التجارة الالكترونية. أيضاً، ورأى القطاع العام فرصة في ذلك لتطوير نفسهِ من خلال تطبيق تقنية المعلومات وتحقيق مكاسب مادية, وأدائية, وخدماتية وأحياناً سياسية.

إنتشار الحكومة الإلكترونية

الحكومة الإلكترونية تحقق انتشاراً واسعاً بين حكومات العالم كما ورد في تقرير الأمم المتحدة في عام ٢٠٠١ والتي قامت بتلخيص سريع لنشاطات الحكومة الالكترونية حول العالم وأستنتجت بأن هناك مواقع الكترونية تستخدم لتوفير المعلومات والخدمات تخص ١٩٠ دولة مما يشكل ٨٩،٨% من الدول الأعضاء.

وفي تقرير أحدث للأمم المتحدة٢٠٠٥ ، تناول في أكثر من ٥٠٠٠٠ صفحة ألكترونية لـ ١٩١ دوله تم دراسة جاهزية الحكومات الالكترونية جاءت الولايات المتحدة في المركز الأول تليها الدنمارك فالمملكة المتحدة.

وتحتل مصر المركز الـ٢٨ فيما يتعلق ببرنامج الحكومة الالكترونية طبقا تقرير صادر عن الأمم المتحدة في يناير ٢٠٠٨ وتعتبر حكومة دبي سباقة في تطبيق هذا النظام وكثير من حكومات العالم الأخرى، كما بدأ تطبيقه على مستوى دولة الإمارات العربية المتحدة ككل، وتعتبر ماليزيا من الدول التي تمكنت من تحقيق مفهوم الحكومة الإلكترونية، أما الولايات المتحدة الأمريكية والمملكة المتحدة فهما من أوائل الدول التي طبقت هذا النظام، وهناك إجراءات حثيثة لتطبيق هذا النظام في السعودية والأردن ومصر وغيرها.

موقف الشرع من التجارة الإلكترونية

المال من نعم الله على عباده، وقد امتن الله به على أنبيائه، فقال مخاطباً رسوله صلى الله عليه وسلم **(وَوَجَدَكَ عَائِلًا فَأَغْنَى)** (الضحى:٨) وأنعم على سليمان عليه السلام بالمال والملك، ولذلك فإن الله سبحانه وتعالى ذكر المال في القرآن وسماه فضل الله في (٢٥) موضعاً، وباسم الخير في (١٠) مواضع، وفي (١٢) موضعاً باسم الرحمة، وفي (١٢) موضعاً باسم الحسنة.

والتجارة في الإسلام لها أهمية، على أساس أنها من الأشياء المحبوبة والمرغوب فيها، وقد كان الصحابة رضوان الله تعالى عليهم أجمعين يشتغلون بالتجارة في حياتهم، ولم يترك أبو بكر الصديق الاشتغال بالتجارة حتى قيل له: "**إنك أصبحت قابضاً على ناصية الأمور في البلاد كلها، مالك وللتجارة؟ فقال لأكفل بها أهلي وأولادي**" وكذلك كان الفاروق ، وكذلك كان ذو النورين وكان من أغنى الناس يومئذ، وكذلك عبد الله بن الزبير (وهو أحد العشرة الكرام)، وكذلك نافع ، فإنه كان من التجار الذين ضرب بهم المثل في التجارة، وكانت تجارته واصلة إلى الشام ومصر.

ذلك، لأن التجارة من الأمور الفاضلة في الإسلام، ولذا نجد علماء الإسلام في الأيام السالفة أغلبهم كانوا تجاراً، وهذا الإمام البخاري كان في بلاده تاجراً، وهو رئيس التجار، وكان الإمام أبو حنيفة من التجار الأثرياء، وإذا كان غير المسلمين من الشرق والغرب يهتمون بالكسب المالي والتجاري دون النظر للوسيلة فإن شريعتنا السمحاء حثت ـ أيضاً ـ على الكسب ولكن في إطار أخلاقي شرعي، ففي القرآن الكريم نجد مادة "تجر" تتسع لآيات تذكر التجارة وترفع من شأنها.

ومن يبيع ويشتري ويتجر يتعّين عليه معرفة أحكام التجارات، وكذا ما يحتاج إليه صاحب كل حرفة يتعين عليه تعلمه، والمراد الأحكام الظاهرة الغالبة دون الفروع النادرة والمسائل الدقيقة.

وتعتبر التجارة من المهن الشريفة التي يمارسها الإنسان بغرض المعيشة والكسب المشروع، ولأن المال هو قوام الأعمال الدنيوية كلها وقد قدمه الله تعالى في الذكر فقال: (الْمَالُ وَالْبَنُونَ زِينَةُ الْحَيَاةِ الدُّنْيَا وَالْبَاقِيَاتُ الصَّالِحَاتُ خَيْرٌ عِنْدَ رَبِّكَ ثَوَابًا وَخَيْرٌ أَمَلًا) وتشهد التجارة المعاصرة تطوراً سريعاً على المستوى الدولي، في أنواع التجارة، وقد ظهرت أنواع من التجارة لم تكن تعرف من قبل ، بحكم التقدم التقني والإلكتروني ، وهو ما يعرف بالتجارة الإلكترونية، وهي من أيسر وأسهل التبادل والتعامل التجاري، ولأهمية هذا النوع من التجارة فإن الدول المتقدمة تعتمد عليه، وحذت حذوها الدول الإسلامية والعربية.

ولا شك أننا نشهد اليوم أوضاعاً في المعاملات الفقهية الاقتصادية لم تكن موجودة في العصور السابقة، غير أن الفقه الإسلامي لم يقف يوماً أمام ما يستجد من الحوادث، والطريق الصحيح لهذه المعاملات الجديدة هو: إعادة النظر والبحث والاستقراء والاجتهاد على وفق كتاب الله وسنة رسوله صلى الله عليه وسلم والإجماع والقياس والمصلحة المعتبرة والعُرف الصحيح والآثار المترتبة على ذلك، مما يفتح للناس آفاقاً واسعة في التعامل، ويرفع عنهم الحرج والمشقة والضرورية بطرقه الصحيحة، لمعرفة أحكام المعاملات الجديدة.

<u>القواعد الشرعية للتجارة الإلكترونية: هي نفسها قواعد التجارة ، التي منها:</u>

- ✓ **مراعاة مصالح العباد:**

هناك قواعد أساسية للتجارة الإلكترونية. فالأصل أن وضع الشرائع إنما هو لمصالح العباد في العاجل والآجل معاً.. والمعاملات راجعة إلى حفظ النسل والمال من جانب الوجود، وإلى حفظ النفس والعقل أيضاً... والمعاملات ما كان راجعاً إلى مصلحة الإنسان مع غيره كانتقال الأملاك بعوض وغير عوض بالعقد، وعقود التجارة الإلكترونية تدخل في هذه المقاصد.

وينبه "الشاطبي" على أهمية قضاء المصالح في جواز المعاملات التجارية ومنها: التجارة الإلكترونية؛ مما يفهم في سياق كلامه لقيام مصالح الإنسانية فيها ولهذا تجده يهتم بالإطار الأخلاقى للتجارة وينص على أن المصلحة التكميلية تحصيل مع فوات المصلحة الأصلية، لكن حصول الأصلية أولى لما بينهما من التفاوت.

وأصل البيع ضروري، ومنع الغرر والجهالة مكمل، وأساس التشريع الاقتصادي الإسلامي: هو المصلحة، وقد عبر الأصوليون بقولهم: "حيث وجدت مصلحة فثمة شرع الله" وإنما تربط جميع الأحكام بالمصالح إذ الغاية منها جلب المنافع ودرء المفاسد، ويتحقق ذلك في التجارة الإلكترونية.

وكما هو واضح اعتماد المعاملات الاقتصادية الوازع الأخلاقي والباعث الديني – المتمثل في مرضاة الله سبحانه وتعالى ـ مقياساً لكون الأمر مصلحة .

واستشهد بقول "الفاسي"، "الذي لا شك فيه أن الشريعة الإسلامية مبنية على مراعاة قواعد المصلحة العامة في جميع ما يرجع للمعاملات الإنسانية؛ لأن غايتها هي تحقيق السعادة الدنيوية والأخروية لسكان البسيطة، عن طريق هدايتهم لوسائل المعاش وطرق الهناءة، وراعى الإسلام هذه الحقيقة؛ فبين أن مقياس كل مصلحة هو الخلق المستمد من الفطرة، وبهذا يفهم أن أساس المعاملات بوجه عام ـ والتجارة الإلكترونية خصوصاً تعتمد في إطارها العام ونموذجها الأمثل ـ الخُلق؛ مقياساً للنظام في التعامل بين سائر البشر، وأن المصلحة تُعُد من أهم الأسس في التطبيق التجاري الإلكتروني؛ لأنه لم يفتح باب الاستصلاح إلا في المعاملات ونحوها مما تعقل معاني أحكامها .

✔ العقود مبناها الرضا:

وشرعية العقد التجاري الإلكتروني وتكييفه في الفقه الإسلامي تظهر فى أن الشروط المعتبرة فى العقود التجارية الرضائية وقواعد الإثبات فيها وإمكان الالتزام تسلماً وتسليماً مما يحقق حرية التعاقد والتيسير والمساعدة في هذا المجال المهم، ولقد عدت الشريعة الإسلامية إمكان الكتابة وسيلة من وسائل الرضا في العقد؛

امتثالاً لقوله تعالى ﴿يَا أَيُّهَا الَّذِينَ آمَنُوا إِذَا تَدَايَنتُمْ بِدَيْنٍ إِلَى أَجَلٍ مُسَمًّى فَاكْتُبُوهُ وَلْيَكْتُبْ بَيْنَكُمْ كَاتِبٌ بِالْعَدْلِ﴾ (البقرة: ٢٨٢)، وقد جعل الرضا في العقود عامة والعقد التجارى بصفة خاصة من أهم خصائص التعامل بين الناس، وقد أجازت البحوث الفقهية المعاصرة شرعية إبرام العقد عن طريق استخدام التقنيات الحديثة، كالتلغراف والهاتف والفاكسملي والبريد الإلكتروني والتخاطب عبر الشبكة العنكبوتية، وذلك للمصلحة المتحققة في ذلك، وللتسهيل على المتعاملين في مجالات التجارة إضافة إلى أخذ مبدأ الإيجاب والقبول في العقود وهو متحقق هنا، إما بالتوقيع أو المفاهمة وأخذ الصور التحريرية الموقعة عن طريق الرسائل بواسطة التقنيات المستحدثة غير أن الإشكال الوارد هنا هو مدى إمكان قياس الإنترنت والحاسب الآلي الحديث وعدهما من صور الرضا والإيجاب أو القبول في العقد .

وقد ذكر عبد الله السنيدي ضوابط العقد الإلكتروني في ظل استخدام التقنيات الحديثة في إبرام العقود، كالتلغراف والهاتف والفاكسملي والحاسوب والإنترنت، ففي مجال إبرام العقود المتعلقة بالتلغراف والتلفون أو الفاكس، حصل نوع من البحث لتحديد عناصر التعاقد، وتحديد أثر هذه الوسائل في إثبات العقود، وما يراد به من شروط وقيود، إلا أنه على الرغم من هذه الإشكالات فإن التعاقد عبر شبكة الإنترنت أصبح واقعاً لا يمكن إنكاره .

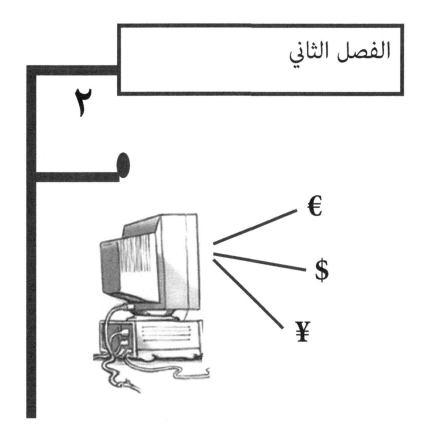

الفصل الثاني

٢

ثورة المعلومات والإتصالات وتأثيرها على التجارة
الإلكترونية

تقنية المعلومات

نظم المعلومات

نظم المعلومات الإدارية كمجال من مجالات نظم المعلومات

الإنترنت وتطبيقاته

تقنية المعلومات

حسب تعريف (مجموعة تقنية المعلومات الأمريكية)ITAA هي **"دراسة، تصميم، تطوير، تفعيل، دعم أو تسيير أنظمة المعلومات التي تعتمد على الحواسيب، بشكل خاص تطبيقات وعتاد الحاسوب"**، تهتم تقنية المعلومات باستخدام الحواسيب والتطبيقات البرمجية لتحويل، تخزين، حماية، معالجة، إرسال، والاسترجاع الآمن للمعلومات.

تقنية المعلومات اختصارا (IT) اختصاص واسع يهتم بالتقنية ونواحيها المتعلقة بمعالجة وإدارة المعلومات، خاصة في المنظمات الكبيرة.

بشكل خاص، تقنية المعلومات يتعامل مع الحواسب الإلكترونية وبرمجيات الحاسوب لتحويل وتخزين وحماية ومعالجة المعلومات وأيضا نقل واستعادة المعلومات، لهذا السبب... يدعى غالبا اخصائيو الحواسيب والحوسبة بإخصائية تقنية المعلومات، القسم الذي يهتم بتقنيات التشبيك والبرمجيات في شركة معينة يدعى قسم تقنية المعلومات، من الأسماء التي تطلق هذا القسم أيضا أسماء مثل : قسم خدمات المعلومات (IS) أو نظم المعلومات الإدارية (MIS) مزود الخدمة المنظمة managed service provider .

نظم المعلومات

نظام يتكون من أشخاص وسجلات البيانات وعمليات يديوية وغير يدوية يقوم هذا النظام بمعالجة البيانات والمعلومات في أي منظمة، أو هو مجموعة من العناصر المتداخلة التي تعمل مع بعضها البعض لجمع ومعالجة وتخزين وتوزيع المعلومات المتوفرة من المنظمة لدعم اتخاذ القرار ولدعم التنظيم والتحكم والتحليل في هذه المنظمة وبناء تصور عنها.

وعادة ما يستخدم هذا المصطلح خطأ باعتباره مرادفا لـنظم المعلومات المحوسبة، والتي هي ليست سوى تقنية معلومات أحد عناصر نظام المعلومات، وتعتبر نظم المعلومات المحوسبة جزء من دراسة تقنية المعلومات، وبالرغم من هذا فإنه يجب التمييز بينم وبين نظم المعلومات التي تشملهم.

توجد العديد من نظم المعلومات المختلفة منها على سبيل المثال:

- نظم إدارة قواعد البيانات.
- نظم المعلومات الإدارية.
- نظم دعم اتخاذ القرار.
- نظم السؤال إجابة (نظم الحقائقية).
- نظم المعلومات الجغرافية.
- نظم استرجاع المعلومات أو نظام المعلومات البليوجرافي.

تاريخ نظم المعلومات

نشأ علم نظم المعلومات كأحد أفرع علم الحاسوب،كمحاولة لفهم ولفلسفة إدارة التقنية داخل المنظمات، ثم تبلور ليصبح مجال رئيسي في الإدارة، حيث تزايدت التأكيدات بأنه مجال هام للبحوث في الدراسات الاداريه, وهو يدرس في جميع الجامعات الكبرى والمدارس التجارية في العالم.

و لقد باتت المعلومات وتقنية المعلومات في يومنا هذا أحد الموارد الخمسة المتاحة للمدراء لتشكيل المؤسسة إلى جانب الموارد البشرية والموارد المالية والمواد الخام والآلات، وهنالك كثير من الشركات التي استحدثت منصب رئيس قسم المعلومات والذي يوازي عدة مناصب أخرى مثل الرئيس التنفيذي (CEO) ورئيس قسم المالية (CFO) ورئيس قسم العمليات (COO) ورئيس قسم التقنية (CTO).

دراسة نظم المعلومات

وصّف Ciborra دراسة نظم المعلومات بأنها هي الدراسة التي تتعامل مع تطبيقات تقنية المعلومات في المنظات والمؤسسات والمجتمع بصفة عامة.

و هنالك العديد من الجامعات والكليات التي تمنح درجة البكالريوس والدرجات العليا في نظم المعلومات والمجالات المتصلة بها.

تطبيقات نظم المعلومات

نظم المعلومات تهتم بتطوير واستخدام وإدارة البنية الأساسية لتقنية المعلومات في المنظمة.

في عصر المعلومات الذي تلى العصر الصناعي تحولت الشركات من الاعتماد على المنتجات إلى الاعتماد على المعرفة, بمعنى ان العاملين في السوق اليوم يتنافسون على العملية والابتكار عوضا عن المنتج، فقد تحول التركيز عن كيفية المنتج وكميته إلى التركيز على عملية الإنتاج نفسها والخدمات المصاحبة لها.

و يعتبر الأفراد بالإضافة إلى الخبرة والدراية والابتكارات (براءات الاختراع، وحقوق الطبع والاسرار التجارية) من أكبر ممتلكات أي شركة اليوم، ولكي يكون مشغل السوق قادر على المنافسة يجب أن يمتلك بنية أساسية قوية للمعلومات تكمن في قلب البنية التحتية لتقنية المعلومات، وعلى ما سبق، فإن دراسة نظم المعلومات تركز على التقنية لماذا وكيف يمكن ان توظف بطريقة مثلى لخدمة تدفق المعلومات داخل المنظمه. أضافة إلى كيفية بناء النظم.

مجالات العمل

<u>لنظم المعلومات مجالات عمل مختلفة وهي:</u>

- التخطيط الإستراتيجي لنظم المعلومات.
- نظم المعلومات الإدارية.
- تطوير نظم المعلومات عامة.

و كل تخصص ينقسم إلى عدة تخصصات تتداخل مع غيرها من التخصصات والعلوم مثل العلوم الإدارية وعلوم الحاسوب والبرمجة والهندسة والعلوم البحتة والعلوم السلوكية والاجتماعية وإدارة الأعمال.

تطوير تقنية المعلومات

يتحكم قسم تقنية المعلومات جزئيا بتقنية المعلومات؛ تطويرها واستخدامها وتطبيقاتها وتأثيراتها على الاعمال التجارية أو الشركات.

<u>و قد عرف Langefors نظم المعلومات المحوسبة كالتالي:</u>

- تطبيق تقني لتسجيل ولتخزين ونشر التعبيرات اللغويه.
- وكذلك لاستخلاص النتائج من هذه التعبيرات.

نظم المعلومات الإدارية

نوع من أنواع تقنية المعلومات وتعتبر من تخصصات الحاسوب الجديدة، نظم المعلومات الادارية أو ما يعرف باسم (MIS) يجمع ما بين تقنية المعلومات وعلوم الحاسبات والإدارة هدفها بناء أنظمة حاسوبية تكنولوجية تعمل على مساعدة المؤسسات المختلفة للقيام بأعمالها، وتقوم بعدة وظائف، المساعدة المكتبية والقيام

.اتخاذ القرار الإجتماعات، وكل ما يساعد المؤسسات في عملية بالمهمات المحاسبية وتنظيم

كما أن استخدام المؤسسات للنظم الحاسوبية في العمليات الإدارية يخفيف من الأعباء، والمصاريف المالية على الموظفين، ويتغلب على العديد من سلبيات العمل البشري الذي قد يتسبب بها الملل من الروتيني العمل أو عدم وجود الحوافز المعنوية اللازمة، كما تساعد على تصغير حجم المؤسسات. كما أن امتلاك المؤسسات لنظم المعلومات الادارية يزيد من القدرة التنافسية للمؤسسة في بيئة العمل. ولكن يعيب البعض على استخدام هذه النظم في المؤسسات الإدارية على التخلص من المستندات الورقية.

نظام تبادل البيانات الكترونيا

نظام ضمن التجارة الالكترونية يتكون من مجموعه من العمليات والمعايير لتبادل البيانات والاعمال بين الشركات الكترونيا ويشمل كافه نماذج تبادل البيانات الالكترونية بما في ذلك النقل، تدقيق الرساله، شكل الوثيقه، البرمجيات المستخدمه لتفسير الوثائق مثال على ذلك: الاستعمالات, طلبات الشراء، كتالوجات الاسعار، دفع الفواتير، تعاملات مصرفيه، عمليات البيع والشراء وغير ذلك من عمليات.

كيفية عمله وإجراءاته

المنظمات التي ترسل أو تتلقى وثائق بين بعضها البعض ويشار إليها بـ" الشركاء التجاريون" في التبادل الالكتروني للبيانات، إذ تتفق هذه المنظمات على معلومات محدده كيف تنقل وكيف تستخدم، طريقه العمل: تحول برمجيات تبادل المعلومات الطلب المرسل لصيغه معياريه ترسل للطرف الاخر اما عن طريق الاتصال المباشر أو عن طريق الشبكات وبعد ذلك يحلل الطرف المرسل اليه الطلب إذا كان يتوافق مع معايير التبادل الاكتروني المتفق عليها وبعد ذلك يرسل

رساله للتاكيد على وصول الطلب أو عدم وصوله، كما أن المنهجيه المستخدمه لنقل البيانات تشمل مجموعه من التكنولوجيات .

مميزاته

١. سهولة التطوير.

٢. الارتباط باكثر من شبكة.

٣. دعم الطباعة.

٤. القدرة على التعامل مع عدة معاير.

٥. سهولة إعادة بناء الوثائق.

فوائده

١. تحسين العلاقه بين التجار والزبائن.

٢. توفير للوقت.

٣. توفير للمصاريف الادارية.

٤. زياده الميزه التنافسية للشركة.

٥. تحسين الإدارة الداخليه.

معوقاته

١. التكلفة.

٢. مشاكل الاتصال.

٣. التعامل مع الأنظمة القديمة سواءٌ للشركات، أو الزبائن.

٤. مقاومه التغير لنظام تبادل البيانات.

الإنترنت وتطبيقاته

الانترنت كما عرّبها مجمع اللغة العربية في دمشق : هي **نظام من الشبكات الحاسوبية يصل ما بين حواسيب حول العالم ببروتوكول موحد هو بروتوكول إنترنت**، تربط الإنترنت ما بين ملايين الشبكات الخاصة والعامة في المؤسسات الأكاديمية والحكومية ومؤسسات الأعمال وتتباين في نطاقها ما بين المحلي والعالمي وتتصل بتقنيات مختلفة، من الأسلاك النحاسية والألياف البصرية والوصلات اللاسلكية، كما تتباين تلك الشبكات في بنيتها الداخلية تقنيا وإداريا، إذ تدار كل منها بمعزل عن الأخرى لامركزيا ولا تعتمد أيا منها في تشغيلها على الأخريات.

تحمل الإنترنت اليوم قدرا عظيما من البيانات والخدمات، ربما كان أكثرها شيوعا اليوم صفحات النصوص الفائقة المنشورة على الوِب، كما أنها تحمل خدمات وتطبيقات أخرى مثل البريد وخدمات التخاطب الفوري، وبرتوكولات نقل الملفات، والاتصال الصوتي وغيرها.

و مثل الطفرات في وسائل الاتصال عبر التاريخ أضحت للإنترنت اليوم آثار اجتماعية وثقافية في جميع بقاع العالم، وقد أدت إلى تغيير المفاهيم التقليدية لعدة مجالات مثل العمل والتعليم والتجارة وبروز شكل آخر لمجتمع المعلومات.

الاسم (الإنترنت)

اسم إنترنت يتكون من البادئة إنتر inter التي تعني بالإنجليزية "بين" وكلمة نتnet التي تعني بالإنجليزية "شبكة"، أي" الشبكة البينية " اذا اعتمدنا الترجمة الحرفية للمصطلح، والاسم دلالة على بنية إنترنت باعتبارها "شبكةً ما بين الشبكات" أو "شبكةً من شبكاتٍ"، وقد شاعت في وسائل الإعلام العربية تسمية" الشبكة الدولية للمعلومات "والتي تعني بالانجليزيه World Wide Web مع

زيادة كلمة المعلومات وهو ما يختصر في www التي تسبق اسم الموقع و الإنترنت هو اسم علم، وتعرف أحيانا اختصارا "الشبكة".

تقنية شبكات الحاسوب والإنترنت

على غير ما تبدو عليه للوهلة الأولى فإن شبكة إنترنت تعتمد ما يعرف في علم تصميم الشبكات بأنه "تصميم بسيط"، لأن شبكة الإنترنت تقوم بعمل وحيد أولي وبسيط، وهو إيصال رسالة رقمية بين عقدتين لكل منهما عنوان مميز بطريق "التخزين والتمرير" بين عقد عديدة ما بين العقدة المرسلة والعقدة المستقبلة، وبحيث لا يمكن التنبؤ مسبقا بالمسار الذي ستأخذه الرسالة عبر الشبكة كما يمكن أن تقسم الرسالة إلى أجزاء يتخذ كلا منها مسارا مختلفا وتصل في ترتيب غير ترتيبها الأصلي الذي يكون على العقدة المتلقية أن تعيد ترتيب الرسالة، وهي فئة من بروتوكولات الشبكات تعرف بتسيير الرزم

لا تضع الشبكة (إنترنت) أي افتراضات مسبقة عن طبيعة الرسالة وفحواها أو الهدف من إرسالها أو كيفية استخدامها ولا تحاول إجراء أي معالجات على الرسالة أو محتواها غير ما يتطلبه إرسالها بين النقطتين كل" الذكاء" الظاهري الذي تبديه الشبكة يكمن في الواقع في طبقة التطبيقات التي تعلو طبقة النقل، وكل القيمة المضافة في عمل الشبكة تكمن على أطرافها وليس في قلبها الذي يتكون من المسيِّرات (routers)التي لا تفرق بين الرسائل، سواء كان ما تحمله رسالة بريدية، أو سيل مرئي (فيديو) أو بيانات لأي تطبيق أو خدمة أخرى من المبنية فوق الشبكة.

فوق هذه البنية التحتية لإيصال البيانات تبني تطبيقات عديدة مثل البريد ونقل الملفات وانسياب الفيديو والصوت والمحادثة والدردشة وغيرها الكثير، وبواسطتها يمكن نقل أي بيانات رقمية.

الانترنت بحد ذاته لا يحوي معلومات وانما هو وسيلة لنقل المعلومات المخزنة في الملفات أو الوثائق في حاسوب إلى آخر، ولذلك من الاخطاء الشائعة القول بان المعلومة وجدت في الشبكة (الإنترنت) والصحيح القول بان المعلومة وجدت عن طريق استخدام الشبكة.

منذ البداية صممت الشبكة (الإنترنت) بحيث تكون عصية على التعطل، أهم عنصر هو خلوها من عقدة رئيسية أو مكان رئيسي يتوجب على الخطوط المرور به، وهكذا يوجد عدد من الخطوط البديلة عندما ترسل معلوماتك عبر الشبكة وتحدد الطريق فقط عند نقل المعلومة حسب مدى شغور الخط من الضغط، وعند تعطل خط يستخدم خط آخر صالح، لكن هذه (اللامركزية) في الجانب التقني لم يتم إتباعها في الجانب الاداري للشابكة، فما يسمى حكومة الانترنت آيكان ICANN هي الهيئة المشرفة دوليا على إصدار عناوين الإنترنت وتتبع بشكل غير مباشر للولايات المتحدة الأمريكية، وهي التي تدير العقد الرئيسية DNS في أكثر الدول العالمية.

تاريخ الإنترنت

كانت الإنترنت نتيجة لمشروع أربانت الذي أطلق عام ١٩٦٩، وهو مشروع من وزارة دفاع الولايات المتحدة، أنشئ هذا المشروع من أجل مساعدة الجيش الأمريكي عبر شبكات الحاسب الآلي، وربط الجامعات ومؤسسات الأبحاث لاستغلال أمثل للقدرات الحسابية للحواسيب المتوفرة.

وفي الأول من يناير ١٩٨٣ استبدلت وزارة دفاع الولايات المتحدة البروتوكولNCP المعمول به في الشبكة واستعاضت عنه بميفاق حزمة موافيق (بروتوكولات) الإنترنت، من الأمور التي أسهمت في نمو الشبكة هو ربط" المؤسسة الوطنية للعلوم "جامعات الولايات المتحدة ألامريكية بعضها ببعض مما سهّل عملية الاتّصال بين طلبة الجامعات وتبادل الرسائل الإلكترونية والمعلومات،

بـدخول الجامعـات إلى الشـبكة، أخـذت الشـبكة في التوسـع والتّقـدم وأخـد طلبـة الجامعـات يسـهمون بمعلوماتهم ورأى النور المتصفح" موزاييك"، والباحث" جوفر "و"آرسي "بل إن الشركة العملاقة" نتسكيب " هي في الأصل من جهود طلبة الجامعة قبل أن يتبنّاها العقل التجاري ويوصلها إلى ما آلت إليه فيما بعد.

لم يكن لدى المهندسين الذين خططوا للشبكة في بداية عهدها أدنى تصور لما آلـت إليـه الشـبكة اليوم، ويعزى نجاحها العملاق اليوم للامركزية الشبكة أو بمعنى آخر لا يوجـد جهـة واحـدة تسـيطر عـلى مجريات الأمور بشأن الشبكة، يحكم الشبكة ميفاقا (بروتوكول) للإتّصال والذي يقـرر عمـل هـذا الميفـاق هم "مهندسو شبكة الإنترنت" وهي جهة مستقلّة تتدارس وتقرر أنواع الموافيق المعمول به لشتى خدمات الشبكة (HTTP, FTP, IRC) الخ..

مهندسو الشبكة (الإنترنـت) هـم أحـد عوامـل نجـاح الشـبكة حيـث أن الهيئـة عامـة ومفتوحـة للجميع ليدلي بدلوه، فلولا الإنترنت لما قامت العديد من الشركات الكبرى الموجودة اليوم التي تعتمد على تزويد الخدمات في شبكة الإنترنت.

لم يجري استخدام الشابكة بشكل واسع حتى أوائل التسعينات من القرن العشرين وبـالرغم مـن توفرالتطبيقات الأساسية والمبادئ التوجيهيه التي تجعل من استخدام الانترنـت ممكـن وموجـود منـذ مـا يقرب من عقد، وفي ٦ آب / اغسطس،١٩٩١، وفي المختبر الأوروبي للفيزياء والجزيئاتCERN ، والذي يقع على الحدود بين فرنسا وسويسرا، نشر مشروع الشبكة العالمية الويب والتي تـم اختراعهـا مـن قبـل العـالم الإنجليزي" تيم بيرنرز لي" في عام ١٩٨٩.

وهنـاك طـور المتصـفح للويـب violawww ، اسـتنادا إلى hypercard ولحقـه متصـفح ويـب "موزاييك MOSAIC"وفي عام ١٩٩٣، وفي المركز الوطني لتطبيقات supercomputing في جامعة الينـوي تم إصدار نسخة ١,٠ من "موزاييك"، وبحلول اواخر عام ١٩٩٤ كان هناك تزايد ملحوظ في اهتمام

الجمهور بما كان سابقا اهتمام للاكاديمين فقط، وبحلول عام ١٩٩٦ صار استخدام كلمة الشبكة قد أصبح شائعا، وبالتالي كان ذلك سببا للخلط في استعمال كلمة إنترنت على أنها إشارة إلى الشبكة العالمية الويب.

وفي غضون ذلك، وعلى مدار العقد، زاد استخدام الشبكة (الإنترنت) بشكل مطرد. وخلال التسعينات، كانت التقديرات تشير إلى أن الشبكة قد زاد بنسبة١٠٠٪ سنويا، ومع فترة وجيزة من النمو الانفجاري في عامي ١٩٩٦ و ١٩٩٧ وهذا النمو هو في كثير من الأحيان يرجع إلى عدم وجود الإدارة المركزية، مما يتيح النمو العضوي للشبكه، وكذلك بسبب الملكيه المفتوحة لموافيق (بروتوكولات) الإنترنت، التي تشجع الأشخاص والشركات على تطوير أنظمة وبيعها وهي أيضا تمنع شركة واحدة من ممارسة الكثير من السيطرة على الشبكة.

الاستخدامات الإتصالية للشبكة (الإنترنت)

تقدم الشبكة العديد من الاستخدامات الاتصالية للمستخدمين، تشمل المجالات الإعلامية والتجارية والأكاديمية والسياسية والطبية... إلخ، بل يمكن القول إن كل الخدمات التي تقدمها الشبكة (الإنترنت) هي خدمات اتصالية، وهي تخدم الأفراد والمؤسسات والمنظمات الرسمية والمدنية على حد سواء، والاستخدامات الاتصالية للإنترنت في ازدياد مستمر، كما أن الاستخدامات القديمة نفسها تتطور وتزداد فاعلية وسهولة وإمكانات.

استخدام الشبكة (الإنترنت) في العالم

بلغ عدد مستخدمي الشابكة (الإنترنت) في العالم ١,٥ مليار شخص في ٢٠٠٩ ، وتعد الصين أولى دول العالم في عدد مستخدمي الشابكة الذين بلغ عددهم فيها ٢٢٥ مليون شخص في نفس العام .

مزود خدمة الإنترنت

مزود خدمة الإنترنت (ISP)، و يسمى أيضا بموفر خدمة الاتصال بالإنترنت (AIP)، هـي الشركة التي توفر لعملائها إمكانية الوصول إلى الإنترنت، ويرتبط مزود خدمة الانترنت بعملائه باسـتخدام تقنية نقل البيانات المناسبة لتوصيل حزم بيانات نظام الانترنت، مثـل الاتصال الهـاتفي، خط المشـترك الرقمي للإتصال(DSL)، كابل المودم، لاسلكية، الوصلات المخصصة عالية السرعة مـزود خدمـة الإنترنـت قـد يـوفر حسابات البريد الإلكتروني للمستخدمين والتي تسمح لهم بالتواصل مع بعضهم البعض عن طريق إرسـال واستقبال الرسائل الالكترونية من خلال خادم(server) مزود خدمة الانترنت (وكجـزء مـن خدمـة البريـد الإلكتروني عادة مايوفر مزود خدمات الإنترنت للمستخدم وعميل البريد الإلكتروني حزمة البـرامج، التـي طورت داخليا أو من خلال ترتيب عقد خارجي) مقدمي خدمات الإنترنت يمكن أن يوفرو خدمات أخرى مثل تخزين البيانات عن بعد نيابة عن عملائها، فضلا عن الخـدمات الأخـرى التـي ينفـرد بهـا كـل مـزود خدمة إنترنت بشكل خاص

المستخدم النهائي لخدمة الاتصال بالانترنت:

يستخدم مزودي خدمة الانترنت مجموعة من التقنيات تمكن المستهلكين من الارتباط بشبكاتهم، بالنسبة للمستخدمين والشركات الصغيرة : الخيارات الأكثر شيوعا تشمل:

● الاتصال الهـاتفي (Dial-up)

● خط المشترك الرقمي (DSL)

● خط المشترك الرقمي غير المتماثل(ADSL)

● والنطاق اللاسلكي العريض(broadband wireless)

● وكابل المودم

- الألياف الضوئية للمنازل (FTTH)

- الشبكة الرقمية للخدمات المتكاملة(ISDN)

- الواجهة البينية للمعدل الأساسي

- وضع النقل الغير متزامن (ATM)

- والانترنت عبر الأقمار الصناعية الشبكات الضوئية المتزامنة (SONET)هي أكثر ترشيحا للاستخدام.

اتصالات نموذجية للاستخدام المنزلي:

- الاتصال الهاتفي(Dial-up)

- خط المشترك الرقمي(DSL)

- اتصال لاسلكي عريض النطاق

- كابل الإنترنت

- خدمة الألياف الضوئية للمنازل(FTTH)

- الشبكة الرقمية للخدمات المتكاملة(ISDN)

- واي فاي(Wi-Fi)

اتصالات نموذجية للاستخدام التجاري:

- خط المشترك الرقمي(DSL)

- خط المشترك الرقمي المتماثل(SHDSL)

- تقنية الايثرنت

خدمة الإنترنت للربط البيني:

كما يدفع عملاء مزودي خدمة الانترنت من أجل الحصول على الخدمة، مزودي خدمات الإنترنت (ISP) يدفعون للوصول إلى الإنترنت إلى مزود خدمة الانترنت الرئيسي (UPSTREAM ISP) حيث تمتلك شبكة كبيرة مقارنة

إلى المتعاقدين معها وهي قادرة على توصيل مقدمي خدمة الانترنت المتعاقدين معها بمزودين الخدمة اليها. في أبسط احزاء من شبكة الانترنت لا يمكن لمقدمي خدمات الإنترنت لوحدهم الوصول، ويستخدم لنقل (UPSTREAM ISP)الرئيسي الحالات، اتصال واحد يتم انشائه لمزود الخدمة خارج الشبكة المنزلية، وهذا النمط من الترابط غالبا ما يتتالى البيانات إلى أو من مجالات الإنترنت أكثر تعقيدا حتى الوصول إلى ناقل من المستوى ١. في الواقع فإن الحالة غالبا ماتكون عدة مرات مزود خدمة الأنترنت الرئيسي حيث يكون لمزودي خدمة الانترنت اتصالات منفصلة ومتعددة مع متعددة أو أنهم قد يكونون عملاء لأكثر (POP) عن طريق نقاط مشاركة بروتوكول خدمة بريد يكون لديها اتصال إلى كل واحدة منها عن طريق نقطة أو من مزود خدمة انترنت رئيسي وربما .المشاركة أكثر من نقاط

التناظر:

مزودي خدمات الإنترنت قد تشارك في التناظر، حيث يرتبط عدة مزودي خدمة الانترنت عند نقطة تناظر أو نقطة تبادل إنترنت(IXs)، مما يتيح توجيه البيانات بين الشبكات، دون دفع تكاليف لنقل البيانات لا يوجد طريقة أخرى لنقل البيانات الا بمرور البيانات عبر طرف ثالث وهو مزود الخدمة الرئيسي(UPSTREAM ISP ، وبالتالي تكبد رسوم من مزود الخدمة الرئيسي.

مزود خدمة الانترنت الافتراضي:

هو عملية شراء مزود خدمة الانترنت الافتراضي لخدمة الانترنت من أحد مزودي خدمة الإنترنت الآخرين يسمى أحيانا مزود خدمة الانترنت بالجملة"wholesale ISP" التي تمكن عملاء مزودي خدمة الانترنت الافتراضي من الوصول إلى الإنترنت باستخدام الخدمات والبنية التحتية التي يملكها ويشغلها مزودي خدمة الانترنت بالجملة.

مزود خدمة الانترنت المجانية:

هم مزودي خدمة الانترنت الذين يوفرون الخدمه دون مقابل، الكثير من مزودي الانترنت المجاني يقومون بعرض اعلانات تجارية للمستخدم أثناء اتصاله مثل:اعلانات التلفاز التجارية ،اي انهم يبيعون اهتمام المستخدم للمعلنين، ولكن هناك مزودي خدمة انترنت مجاني غالبا مايسمون بـ (الشبكات المجانية) تدار على اساسات غير ربحية يعمل بها موظفين متطوعين.

خدمات الشبكة العنكبوتية

<u>محركات البحث</u>

محرك البحث أو "الباحوث""هو برنامج حاسوبي مصمم للمساعدة في العثور على مستندات مخزنة على شبكات الانترنت أو على حاسوب شخصي، بنيت محركات البحث الأولى اعتمادا على التقنيات المستعملة في إدارة المكتبات الكلاسيكية، حيث يتم بناء فهارس للمستندات تشكل قاعدة للبيانات تفيد في البحث عن أي معلومة.

يسمح محرك البحث للمستخدم أن يطلب المحتوى الذي يقابل معايير محددة (والقاعدة فيها تلك التي تحتوي على كلمة أو عبارة ما) ويستدعي قائمةً بالمراجع توافق تلك المعايير. تستخدم محركات البحث مؤشرات/فهارس/مسارد منتظمة التحديث لتشتغل بسرعة وفعالية.

تعرض النتائج على شكل قائمة بعناوين المستندات التي توافق الطلب، يرفق بالعناوين في الغالب مختصر عن المستند المشار إيه أو مقتطف منه للدالة علة موافقته للبحث، عناصر قائمة البحث ترتب على حسب معايير خاصة (قد تختلف من محرك لآخر) من أهمها مدى موافقة كل عنصر للطلب.

عند الحديث عن محركات البحث فغالبا ما يقصد محركات البحث على شبكة الإنترنت ومحركات الوِيب بالخصوص، محركات البحث في الويب تبحث عن المعلومات على الشبكة العنكبوتية العالمية، ومنها يستعمل على نطاق ضيق يشمل البحث داخل الشبكات المحلية للمؤسسات أي إنترانت أما محركات البحث الشخصية فتبحث في الحواسيب الشخصية الفردية.

بعض محركات البحث أيضاً تحفر في البيانات المتاحة على المجموعات الإخبارية، وقواعد البيانات الضخمة، أو أدلة مواقع الوِب مثل دِموز دوت أورج، تشتغل محركات البحث عن طريق الخوارزميات، على عكس أدلة المواقع، والتي يقوم عليها محررون بشر.

مبدأ عمل محركات البحث

تعمل محركات البحث عن طريق تخزين المعلومات عن عدد كبير من صفحات الوِب، والتي تستعيدها من الشبكة العالمية وورلد وايد وب نفسها. تستعاد هذه الصفحات بواسطة زاحف وِب (يعرف أحيانا أيضا بـ 'عنكبوت') - وهو مستعرض وِب آلي يتبع كل رابط يراه، بعد ذلك يجري تحليل كل صفحة لتحديد كيف ينبغي فهرستها (على سبيل المثال، تستخلص الكلمات من العناوين، رؤوس الموضوعات، أو حقول خاصة تعرف بـ ميتا تاجز). تخزن البيانات عن صفحات الوِب في قاعدة بيانات فهرسية للاستخدام في عمليات البحث طلبا للمعلومات لاحقا. بعض محركات البحث، مثل جوجل، تخزن كل أو بعض الصفحة المصدر (وتشير لها بـ مخبوءة) وبالمثل معلومات عن صفحات الوِب، بينما بعضها تخزن كل كلمة من كل صفحة تجدها، مثل ألتافيستا. هذه الصفحة المخبوءة تمسك بنص البحث الفعلي بما أنه هو الذي تمت فهرسته فعليا، لذا فقد تكون مفيدة جدا عندما يكون محتوى الصفحة الحالية قد جرى تحديثه ولم تعد ألفاظ البحث فيه. ربما تعتبر هذه المشكلة شكلا خفيفا من (تعفن) الروابط، وتزيد معالجة جوجل لها من إمكانية الاستخدام بإرضاء توقعات المستخدم بأن ترد ألفاظ البحث في صفحات الوِب

العائدة في الرد. وهو ما يرضي 'مبدأ مفاجأة أخف من مفاجأة' بما أن المستخدم يتوقع بشكل طبيعي ألفاظ البحث في النتيجة العائدة له. وهذه الصلة بالبحث تجعل هذه الصفحات المخبوءة مفيدة جدا، حتى أكثر من واقع أنها قد تحتوي على بيانات ربما لم تعد متاحة في موضع آخر.

عندما يتوجه مستخدم لمحرك البحث ويجري عملية بحث طلبا للمعلومات، كما هو سائد بإعطاء كلمات مفتاحية، يفتش المحرك في الفهرس ويقدم قائمة بصفحات الوِب الأفضل توافقا تبعا لمعاييره، في المعتاد مع ملخص قصير يحتوي على عنوان الوثيقة وأحيانا أجزاء من النص. معظم محركات البحث تدعم استخدام الاصطلاحات البولينية (نسبة للجبر البوليني وهو نوع من المتغيرات المنطقية) لمزيد من تحديد طلب المعلومات، وهناك خدمة وظيفية متقدمة هي البحث بالتقارب والتي تسمح لك بتحديد المسافة بين الكلمات المفتاحية، باستخدام ألفاظ مثلNEAR ، NOT NEAR، FOLLOWED BY، NOT FOLLOWED BY، SENTENCE، FAR.

يعتمد مدى فائدة محرك بحث على مدى صلة النتائج التي يرد بها. فبينما قد تكون هناك ملايين صفحات الوِب التي تحتوي على كلمة أو عبارة محددة، قد تكون بعض أوثق صلة، أو أروج، أو معتمدة أكثر من غيرها، معظم محركات البحث توظف أساليب لوضع مراتب النتائج لتقدم أفضل النتائج أولا، الكيفية التي يقرر بها محرك بحث أي الصفحات هي الأفضل توافقا، وما النظام الذي يجب أن تظهر به النتائج، تختلف بشكل شاسع من محرك لآخر. الأساليب أيضا تتغير عبر الزمن بتغير استخدام إنترنت وتكنيكات جديدة تتطور.

معظم محركات البحث هي مضاربات تجارية يدعمها عائد إعلاني و بالنتيجة، يوظف البعض الممارسة المثيرة للجدل بالسماح للمعلنين بدفع النقود ليرفعوا لهم قوائمهم في مراتب نتائج البحث.

الأغلبية الكاسحة من محركات البحث تديرها شركات خاصة تستخدم خوارزميات ملكها وقواعد بيانات مغلقة، وأكثرها رواجا حاليا هي جوجل وباحث بينج (إم إس إن سابقا) وياهو! والمحرك العربي مكتوب، توجد تقنية محركات بحث مفتوحة المصدر مثل إتش تي دج، نتش، سيناز، إيجوثور وأوبن إف تي إس، ولكن ليس هناك خادم بحث وورلد وايد وب مشاع يستخدم هذه التقنية.

محركات البحث على الشبكة الإنترنت

يمكننا القول بأن الشبكة ومواقعها لن تكون ذات فائدة كبيرة بالنسبة لنا لو لم تكن محركات البحث على إنترنت موجودة. في البدء كانت محركات البحث عبارة عن أدلاء تقوم بفهرسة مواقع الإنترنت الجديدة. وقد كان ذلك فعالا عندما كان حجم إنترنت يقدر بملايين الصفحات. ثم تطورت إنترنت، وانضم إليها الملايين من مؤسسات الأعمال، والمؤسسات الحكومية، وبلايين الصفحات من أدلة استخدام المنتجات، والمعلومات الخاصة بالمستثمرين، وغير ذلك من المعلومات التي تقوم بتسيير عجلة اقتصاد إنترنت. ومع هذا النمو أصبح من الضروري، بل ومن الحتمي إضافة محرك بحث فعال إلى كافة مواقع إنترنت، يقوم بفهرسة وتصنيف المعلومات الموجودة ضمن هذه المواقع كي تتمكن من خدمة زوارها بشكل فعال. واليوم، وبعد أن أصبحت محركات البحث جزءا أساسيا في حضارتنا الإنترنتية، فإن هناك العشرات من الشركات العاملة في مجال إنتاج برمجيات، وتقنيات، وأساليب بحث جديدة موجهة نحو إنترنت وإنترانت. وبسبب الدور المتزايد الذي تلعبه التجارة والأعمال الإلكترونية في اقتصاد اليوم، فإن الحافز المادي على الأقل موجود. ولكن رغم النجاح الذي تدّعي الشركات المنتجة لتقنيات البحث تحقيقه، فإن المستخدمين لا زالوا يشكون من افتقار محركات البحث إلى الدقة المطلوبة، وتلبية النتائج التي يتم تحصيلها لمتطلبات المستخدمين

مشاكل تقنيات البحث

إن مفتاح النجاح في الحصول على نتائج بحث جيدة، تكمن في نوعية الاستفسارات، أو الأسئلة، أو العبارات أو الكلمات المفتاحية التي نقوم بإدخالها في محركات البحث، لكن المشكلة الأساسية هنا تكمن في أن الغالبية العظمى من المستخدمين لا يقومون عادة بإدخال الاستفسارات أو الكلمات المفتاحية الصحيحة، والتي تؤدي إلى الحصول على النتائج المطلوبة.

البريد الإلكتروني

البريد الإلكتروني أو ما يسمى أحيانا بالإيميل أو البرال أو البريد الكُهَيْرَني هو أسلوب لكتابة وإرسال واستقبال الرسائل عبر نظم الاتصالات الإلكترونية سواءاً كانت أو شبكة الإنترنت أو شبكات الاتصالات الخاصة داخل الشركات أو المؤسسات أو المنازل.

بدايات النظام

بعكس الاعتقاد السائد فإن البريد الإلكتروني سابق للإنترنت بل وإن نظام البريد الإلكتروني كان أداة أساسية في ابتكار الشبكة العنكبوتية حيث طور في عام ١٩٦٥ كأسلوب اتصال لمجموعة مستخدمين لحاسوب عملاق. إمتد البريد الكُهَيْرَني بسرعة ليصبح وسيلة لنقل الرسائل عبرالمسانجر أو شبكة من الحواسيب.

قام راي توملينسون في عام ١٩٧١ بإضافة رمز "@" للفصل بين اسم المستخدم واسم الحاسوب الذي يستعملة وبينما لا يعتبر هو مخترع البريد الإلكتروني إلا أن البرامج التي أصدرها مثل "SNDMSG" و "READMAIL"كانت من أوائل البرامج التي ساعدت في تطوير البريد الإلكتروني بشكل كبير، ويعد البريد الإلكتروني شيء هام للغاية إذ انة يعتبر أكثر الخدمات استخداما علي شبكة الاتصالات.

بتعبير اخر هي خدمة سريعة لتبادل الرسائل تُغني عن اسخدام البريد التقليدي وهناك طريقتين للحصول على البريد وهما الشايعنان بين مستخدمي الشبكة

طريقة عمل البريد الإلكتروني

عندما تريد إرسال رسالة فإنها تحتاج إلى برنامج عميل البريد مثل Microsoft outlook وتضع عنوان المستقبل وبعد أن تضغط زر إرسال يقوم برنامج العميل بتنسيق الرسالة على هيكل بريد إلكتروني ويكون على صيغة معينة وبعدها يقوم البرنامج بإرسال الرسالة بواسطة بروتوكول معين.

ميزات البريد الإلكتروني

١. إمكانية إرسال رسالة إلى عدة متلقين.

٢. إرسال رسالة تتضمن نصا صوتيا أو فيديو والصور والخرائط.

٣. السرعة في إرسال الرسائل حيث لا تستغرق إرسال الرسالة بضع ثواني فقط لكي تصل إلى المرسل إليه وفي حال عدم وصول الرسالة فإن البرنامج يحيط المرسل علما بذلك.

٤. يمكن للمستخدم أن يستخرج الرسائل من صندوق البريد عن طريق برنامج البريد الذي يمكن المستخدم من مشاهدة الرسائل وبناء على رغبته إذا شاء أن يرسل جوابا لأي منها وعندما يبدأ طلب بريد كُهَيْرَني يتم إخبار المستعمل بوجود رسائل بالإنتظار في صندوق البريد عن طريق عرض سطر واحد لكل رسالة بالبريد الإلكتروني قد وصلت السطر يعطي اسم المرسل ووقت وصول الرسالة وطول الرسالة في القائمة.

٥. يمكن للمستخدم أن يختار رسالة من الموجز ونظام البريد الإلكتروني يعرض محتوياتها وبعد مشاهدة الرسالة على المستخدم أن يختار العملية التي يرغب فيها فإما أن يرد على المرسل أو يترك الرسالة في صندوق

البريد لمشاهدتها ثانية عند الحاجة أو يحتفظ بنسخة عن الرسالة في ملف أو التخلص من الرسالة بإلغائها.

و تقوم أغلب مواقع البريد الإلكتروني التي تمنح قوائم بريد عامة بإنشاء اسم مستعار بريدي يمكن أن يستعمل لطلبات الانضمام أو الانفصال من القائمة.

التعامل مع البريد الإلكتروني

غالباً ما يكون التعامل معه من خلال صفحة البريد الإلكتروني للجهة التي تقدم خدمة البريد الإلكتروني على الشبكة العنكبوتية لإرسال واستقبال الرسائل، ويمكن استخدام برامج خاصة لإرسال واستقبال الرسائل مثل:

- برنامج أوت لوك (OutLook).
- برنامج أوت لوك إكسبريس (OutLook Express).
- برنامج إيودورا (Eudora).
- برنامج موزيلا ثندر بيرد (Mozilla Thunderbird).

أمن البريد الإلكتروني

أمن البريد الإلكتروني هو الوسيلة الأساسية لقطاع الأعمال والاتصالات، يزداد استخدامه يوما بعد يوم، يستخدم لنقل الرسائل النصية ونقل المستندات وقواعد البيانات، وبما أن عملية نقل البيانات عملية حساسة جدا فسلامة هذه البيانات هي موضع تساؤل، وهذا يمثل مشكلة؛ فالباب مفتوح على تفاصيل العقود بين الشركات المتنافسة والأسوأ من ذلك أن هناك قدرات لتزوير الرسائل ال كُهَيْرَنية، وهناك عادات مبلغ عنها من اعتداءات من هذا القبيل.

أمثلة على مزودي خدمة البريد الإلكتروني

❖ بريد جيميل (جوجل ميل)

هو خدمة مجانية للبريد الإلكتروني على الويب وبروتوكول مكتب البريد (POP٣) وبروتوكول الوصول لرسائل الإنترنت (IMAP) تقدمها شركة جوجل.

بدأت الخدمة في ١ أبريل، ٢٠٠٤ كإصدار تجريبي عبر نظام الدعوة فقط، وتم بدء النسخة التجريبية العامة في ٧ فبراير٢٠٠٧ ، بسعة ١ جيجابايت.

يتضمن جيميل محرك بحث بالإضافة إلى إمكانية المحادثة مع مستخدمي "جوجل تولك" عبر صفحة البريد؛ ويوفر جيميل حاليا أكثر من ٦٠٠٠ ميغابايت من سعة التخزين المجانية (بزيادة ٣,٣٤٨ ميغابايت في اليوم) مع ١٠ جيجابايت إضافية مقابل ٢٠ دولار في السنة.

❖ بريد ياهو!

يعتبر مزود البريد الإلكتروني الإكثر استخداماً عبر الإنترنت، حيث يتخدمه ما يزيد عن الـ ٢٧٠ مليون مستخدم.

هناك نسختان لبريد ياهو! هما:

• بريد ياهو! الجديد The new Yahoo! Mail
• بريد ياهو! التقليدي Yahoo! Mail classic

مستخدمي هذا البريد لديهم الحرية لكي ينتقلوا من نسخة إلى أخرى بما يتناسب مع استخداماتهم وسرعة إتصالهم بالإنترنت. ياهو! أول مزود بريد إلكتروني يقدم مساحة تخزين لا نهائية.

❖ **بريد ويندوز لايف هوتمايل**

Windows Live Hotmail ـ المعروف سابقًا باسم MSN Hotmail والمُشار إليه اختصارًا باسم Hotmail ـ عبارة عن خدمة مجانية للبريد الإلكتروني على الإنترنت تقدمها شركة "مايكروسوفت" كجزء من مجموعة Windows Live .

قام بتأسيس خدمة Hotmail صابر باتيا وجاك سميث، وقد بدأت هذه الخدمة في يوليو ١٩٩٦ وكانت من أوائل خدمات البريد الإلكتروني المجانية. وقد تم تمويل هـذه الخدمة مـن قِبـل شركة "درابـر فيشر جورفيتسون "وهي شركة استثمارات.

وقد قامت شركة "مايكروسوفت" في عام ١٩٩٧ بشراء هذه الخدمة في مقابـل ٤٠٠ مليـون دولار، وبعد فترة وجيزة تغير اسمها ليصبح MSN Hotmail وقد تم إطلاق الإصدار الحـالي وهـو Windows Live Hotmail بشكل رسمي في ٢٠٠٥ وأصبح متاحًا للمستخدمين من كافة أنحاء العالم في ٢٠٠٧.

يحتـوي Windows Live Hotmail علـى سـعة تخـزين تسـاوي ٥ جيجـا بايـت يمكـن أن تزيد حسب الحاجـة بالإضافة إلى إجـراءات تـأمين مسـجلة وتقنيـة أجـاكس (Ajax) وتكامـل الخدمـة مـع Windows Live Messenger وWindows Live Spaces و Windows Live Calendar و Windows Live Contacts وابتداءً من ٢٠٠٨ كان هناك أكثر من ٢٧٠ مليون مستخدم لهذه الخدمـة من جميع أنحاء العالم، هذا بالإضافة إلى أن Hotmail متوفر في ٣٥ لغة مختلفة.

وتوجد فرق عمل تطوير وتشغيل خدمة Hotmail في مدينة "ماونتن فيو" بولاية "كاليفورنيا."

الصوت عبر الإنترنت

تعريف تقنية نقل الصوت عبر ميثاق الشابكة

وهي اختصارا للعبارة الإنجليزية Voice Over Internet Protocol أي تقنية نقل الصوت عبر بروتوكول الإنترنت- هو وسيلة لربط المحادثات الصوتية عبر الشبكة (الإنترنت)أو عبر أى شبكة تستخدم بروتوكول الإنترنت، وبالتالى يمكن لأى عدد من الأشخاص متصلين سويًا بشبكة واحدة تستخدم بروتوكول الإنترنتIP - أن يتحادثوا هاتفيًا باستخدام هذه التقنية.

يشار للشركات التي تقوم بنقل الصوت عبر الإنترنت بالشركات الموفرة للخدمة، ويشار للميفاق (البروتوكول)الذى يقوم بنقل الإشارات الصوتية عبر الإنترنت بميفاق (بروتوكول) الإنترنت VoIP.

بداية الظهور

في العام ١٩٩٥ بدأ بعض الهواة بإدراك ان الصوت يمكن ان ينقل عبر الشبكة (الانترنت) بدل نقله عن طريقة خطوط الهاتف فقط مما يمكن مستخدمي الشابكة التي تربط أنحاء العالم من توفير المبالغ الكبيرة التي يدفعونها للقيام بالاتصالات الهاتفية الدولية حيث تم تطوير أول برنامج حاسوبي يستطيع مستخدموه من التواصل مع بعضهم ولا يتطلب سوى بطاقة صوت ومذياع وربط بالشبكة (الانترنت)، لم تكن هذه البرامج في تلك الفترة تتمتع بنقاء الصوت والنوعية المنشودة ولكنها كانت المؤشر على ان عملية نقل الصوت عن طريق الشابكة ممكنة وواعدة. لم تعد الاتصالات الهاتفية عبر الشابكة مقصورة على الحواسيب فحسب ولاسيما بعد أن أصبح ممكنا الآن استخدام خدمات (نقل الصوت عبر ميفاق برتوكول) الإنترنت دون حتى الحاجة إلى تشغيل الحاسوب عن طريق الهواتف التي تدعم هذه التقنية. وجديرٌ بالذكر أن تقنية الاتصال عبر ميفاق الشابكة

(الإنترنت) تقنية مبنية على البرمجيات، وهي تستفيد من تقنية الصوت عبر ميفاق الشابكة VoIP في نقل الصوت والبيانات عبر شبكة حاسوبية. وتتضمن هذه التقنية المبتكرة مزايا فائقة عديدة من بينها على سبيل المثال لا الحصر: تحويل المكالمات، والمؤتمرات الجماعية البعادية (عن بعد)، والرسائل الصوتية، وغيرها وذلك لتعزيز شبكات الاتصالات وخفض التكلفة الإجمالية. لاستخدام خدمات تقنية نقل الصوت عبر ميفاق الشابكة ليس عليك سوى الاستعانة بوصلة إنترنت ذي نطاق واسع مثل خدمة خطوط الإنترنت السريعة (دي.أس.أل) وأحد المسيرات (Routers) المزودة بالإنترنت ووصلات هاتفية.

تاريخ تقنية نقل الصوت عبر ميثاق الإنترنت

تقنية نقل الصوت عبر ميثاق الشبكة (VoIP) جاء لتغيير عالم الهاتف التقليدي. إن خطوط الهاتف التقليديه تتجه إلى البطء تدريجيا مع ما تقدمه تقنية VoIP في جميع أنحاء العالم من فوائد ومزايا في التكنولوجيا المتقدمه. ومن المفيد التوقف وإلقاء نظرة على تاريخ VoIP وستجد مستقبلا أكثر إثارة.

تاريخ تقنية تقنية نقل الصوت عبر ميثاق الشبكة (VoIP) يدل على ان هذه التقنية بدأت عام ١٩٩٥ عندما بدأت شركة صغيرة تسمىvocaltec ، وكان يعتقد أنه أول برنامج هاتف انترنت. وقد صمم هذا البرنامج لتشغيله على حاسوب منزلي ويشبه إلى حد كبير الهواتف المستخدمة اليوم، وانها تستخدم بطاقات الصوت والمصادح (الميكروفونات) والسماعات.و كان يسمى البرنامج "هاتف الانترنت" ويستخدم ميثاق H.٣٢٣ بدلاً من ميثاق SIP بالرغم من أنه أصبح أكثر شيوعا اليوم. ابتدأت شركة vocaltec نجاحها مع هاتف الانترنت، وكان نجاحها عام ١٩٩٦. والعيب الرئيسي الذي ظهر في عام ١٩٩٥ هو عدم توافر سعة الشبكة العريضةBroadband ، وعلى هذا الاساس فان هذه البرمجيات المستخدمة في أجهزة المودم التي أدت عن سوء نوعية الصوت عند مقارنتها مع مكالمه هاتفية

عاديـة. ومـن المفيـد أيضـاً الإشـارة إلى ان أحـدا مـن مـوظفي vocaltec الرئيسـيين هـو أيضـا مؤسـس wnicnvoip.com.

وبحلول عام ١٩٩٨، زاد معدل استخدام VoIP traffic ليمثل ما يقارب من ١ ٪ من كل الرسـائل الصوتيه في الولايات المتحـدة.وأصبحت الأنظـار متجهـة إلى إعـداد وتهيئـة الأجهـزة التـي مكنـت اتصـال حاسـوب شخصي- إلى هـاتف PC-to-phone وهـاتف إلى هـاتف .phone-to-phone وقـدمت شركـات الشبكات مثل سيسكو ولوسينت المعدات التي يمكن ان تسير VoIP Traffic ونتيجـة لـذلك بحلـول عـام ٢٠٠٠ أصبح دفق VoIP يمثل أكثر من ٣ ٪ من جميع الرسائل الصوتية.

و من الشركات المعروفة والرائدة في هذا المجال شركة Skype التي ظهرت في منتصف التسعينات وهنالك مجموعة من البرامج الأخرى مثل Net٢Phone, PC٢Call, ZeroPhone

في عام ٢٠٠٥، أصبحت قضية ضمان جودة نقل الصوت تأخذ الأولوية على نقل البيانات لتصبح هذه التقنية أكثر اعتمادية لنقل صوت واضح دون انقطاع المكالمات الهاتفية. من المتوقع ان يصل ايرادات مبيعات معدات VoIP وحدها أكثر من ٨،٥ مليار دولار بحلول نهاية عام ٢٠٠٨. ان معدل النمـو الهائـل والسريع بتقنية VoIP ومع استخدام التقنيات اللاسلكية، أصبح مسـتقبل هـذه التقنيـة أمـرا مثـيرا حقـا للدهشة.

مبدأ عمل التقنية

تقوم هذه التقنية بتحويل الإشارات الصوتية التماثليةAnalog Signals من الهـاتف إلى إشـارات رقمية Digital Signals ويتم تقسيم هذه الإشارة إلى حزم Packets وتستخدم بروتوكـول الإنترنـتIP في إرسال هذه الحزم الرقمية في عدة مسارات عبر نفس شبكة البيانات وعند وصول هذه الحـزم إلى الوجهـة المحددة

(المستقبل) تقوم بإعادة تجميع الحزم المرسلة لكي يتم سماعها بشكل واضح على عكس الاتصالات المعتادة فهي تستخدم مسارا واحدا محددا وإذا كان الطرف الآخر (المستقبل) هاتفا عاديا يتم تحويل الإشارة مرة أخرى إلى إشارات صوتية لكي يتم فهمها من المستقبل.

خطوات عمل التقنية

- تحويل الإشارات التماثلية Analog Signals إلى إشارات رقمية Digital Signals .
- ضغط الحزم بصورة جيدة (عرض الحزمة صغير جداً) هنالك عدة موافيق) بروتوكولات يمكن أن تختار بينها لضغط الحزمة بصورة متطورة وذلك لكي لا يحصل تأخير في الصوت.
- دمج حزم الصوت داخل حزم البيانات باستخدام ميفاق (بروتوكول) الوقت الحقيقي-RTP Real Time Protocol
- نحتاج إلى إشارات للاتصال بالمستخدم (الجرس) ITU-T H٣٢٣ .
- عند المستقبل يتم تحليل الحزمة واستخلاص البيانات منها وتحويل الإشارات الرقمية إلى صوتية مرة أخرى وإرسالها للهاتف.
- يجب أن يحصل في وقت حقيقي Real Time لكي لا يحصل تقطيع في الصوت.
- يجب استخدام PBX لتحديد مسار المحادثة الهاتفية.
- تحويل الإشارات الصوتية Analog Signals إلى إشارات رقمية.Digital Signals.
- استخدام بروتوكول الإنترنتIP .
- يجب تقسيم الإشارات الرقمية إلى أجزاء صغيرة تسمى حزم رقمية لنقلها بعدة مسارات عن طريق الشبكة البيانات نفسها.

- يجب ضغط الحزم بصورة جيدة (عرض الحزمة صغير جداً) هنالك عدة بروتوكولات يمكن أن نختار بينها لضغط الحزمة بصورة منظورة وذلك لكي لا يحصل تأخير في الصوت.
- يجب أن يكون هنالك مكان للتخزين المؤقت لتجميع الحزم Buffer لكي لا يحصل تأخير في الصوت.
- يجب أن يحصل في وقت حقيقي Real Time لكي لا يحصل تقطيع في الصوت.

تجهيزات/ معدات تقنية نقل الصوت عبر بروتوكول الانترنت

لأي تطبيق VoIP يشترط وجود مصدر طاقة معتمد عليه وكذلك شبكة ذات سعة عالية وهذه أهم المعدات التي سنحتاج إليها:

محولات الهاتف التماثليةAnalog Telephone Adaptors ATA

يقوم محول الهاتف التماثلي ATA بربط أي هاتف تماثلي عادي مع شبكة نقل الصوت عبر بروتوكول الانترنت. يحتوي هذا المحول على منفذ من نوع RJ-١١ (منفذ هاتف) ومنفذ آخر من نوع-RJ ٤٥منفذ شبكة الإيثرنت فيعمل هذا المحول على تحويل الإشارات الصوتية التماثلية الصادرة من الهاتف العادي التماثلي إلى إشارات رقمية ويمكن توصيل ATA على أي نوع من الهواتف ويعتبر ATA بمثابة VoIP Gateways.

الهواتف البرمجيةSoft phone

يمكنك الاستعاضة عن شراء هاتف لنقل الصوت عبر بروتوكول الانترنت بتثبيت برنامج يقوم بنفس المهمة ضمن حاسوب شخصي مما يعرف باسم "الهاتف البرمجي Soft phone " لا يتطلب هذا البرنامج أكثر من توفر بطاقة صوت

وسماعات و ميكروفون إضافة إلى التأكد من أن جدارك الناري الشخصي- لا يمنع عمله ومن أمثلته Net۲Phone- PC۲Call.

هواتف نقل الصوت عبر بروتوكول الانترنتVoIP Phone

هي تجهيزات مصممة خصيصا لهذه الغاية يتم ربطها مع شبكة VoIP مباشرة ولاتحتاج أي معدات إضافية مثل ATA ولاتحتاج تنزيل أي برامج. يمكن أن تعمل هذه الهواتف وفق بروتوكول إنترنت واحد أو أكثر، المميزات الهامة التي يتوجب عليك تفقدها عند شراء هواتف نقل الصوت عبر بروتوكول الإنترنت:

- استهلاك بسيط لعرض الحزمة: دعم آليات الضغط المتطورة) توفر واجهة إدارة سهلة تعمل عبر الوب.
- منفذ للصوت: مخرج للصوت مع إمكانية توصيل سماعات(لتطبيقات التدريب عن بعد).

مما تقدم ذكره تتضح أهمية تقنية نقل الصوت عبر بروتوكول الانترنت وأنها حلت كبديل لشبكة الهواتف التقليدية لمرونتها وأدت إلى خفض تكلفة الإتصال وخصوصاً الدولية ولأنها سهلة الاستخدام حيث أن واجهتها تستخدم طرق الإنترت وما تقدمة من مميزات وخدمات إضافية تسهل على المستخدم أداء الاتصال بطريقة فعالة فيجب أن نعمل على استخدام هذه التقنية الفعالة لما توفره من خدمات مميزة ويجب العمل على تطويرها وإيجاد الحلول المناسبة لتقديم هذة الخدمة بجودة عاليه، و لكن تطبيقها ليس بالأمر السهل إذ يجب على المؤسسات والشركات قبل البدء بعملية التطبيق الأخذ بعين الإعتبار صعوبات التطبيق مع دراسة المميزات والفوائد التي قد تعود عليهم منه. فيجب عمل دراسة عن المعدات اللازمة والبروتوكول المناسب الذي سيحقق لهم الفائدة المرجوة .وأيضاً يجب الأخذ بعين الإعتبار تحقيق

جودة الخدمة (التأخير – التوافر – التوتر – الاعتمادية- الأمان) وممكن للشركات تطبيق هذه التقنية ثم تبدأ العمل على التدريبة سيناً فسيناً.

بإمكان تقنيات نقل الصوت عبر بروتوكول الانترنت بالترافق مع تقنيات الشبكات اللاسلكية منخفضة الكلفة توفير خدمات نقل الصوت والبيانات إلى المناطق النائية والنامية إضافة إلى بناء شبكات هاتفية تدار جماعيا من قبل أصحابها.

التسويق والتسوق عبر الشبكة العنكبوتية

أصبحت الشبكة (الإنترنت) سوقا واسعة للشركات، بعض الشركات الكبيرة ضخمت من أعمالها بأن أخذت مميزات قلة تكلفة الإعلان والإتجار عبر الشبكةوالذي يعرف بالتجارة الإلكترونية .وهي تعتبر أسرع طريقة لنشر المعلومات إلى عدد كبير من الأفراد، ونتيجة لذلك قام الإنترنت بعمل ثورة في عالم التسوق كمثال، شخص ما يمكنه أن يطلب شراء إسطوانة مدمجة عبر الإنترنت وسوف تصله عبر البريد العادي خلال يومين، أو بإمكانه تنزيلها مباشرة عبر الإنترنت إذا تيسر ذلك، أيضاً قام الإنترنت بتسهيل عملية التسوق الشخصي، والذي يتيح لشركة ما أن تسوق منتج لشخص معين أو مجموعة معينة من الأشخاص بطريقة أفضل من أي وسط إعلاني.

كأمثلة على التسوق الشخصي مجتمعات الشابكة (الإنترنت) والتي يدخلها الآلاف من مستخدمي الشابكة ليعلنوا عن أنفسهم ويعقدوا صداقات عبر الشابكة .وبما أن مستخدمي هذه المجتمعات تتراوح أعمارهم بين ١٣ و ٢٥ عاماً، فإنهم حين يعلنوا عن أنفسهم فهم يعلنون بالتالي عن هواياتهم واهتماماتهم، ومن هنا هنا تستطيع شركات التسويق عبر الشابكة (الإنترنت) استخدام هذه المعلومات للإعلان عن المنتجات التي توافق رغباتهم واهتماماتهم يمكنك التسوق من أي مكان في العالم عن طريق الأنترنت.

أبرز الأسواق الموجودة على شبكة الإنترنت

■ سوق أمازون

شركة amazon.com المحدودة هي شركة أمريكية متعددة الجنسيات متخصصة في تجارة الالكترونيات، مقرها في سياتل- واشنطن، وهى تعتبر أكبر شركة للبيع على النت، مع ما يقرب من ثلاثة أضعاف عائدات المبيعات على الأنترنت.

جيف بيزوس أسس شركة Amazon.com المحدودة في عام ١٩٩٤ وأطلقها على الانترنت في عام ١٩٩٥كما أنها بدأت على الانترنت لبيع الكتب ولكن سرعان ما وسعت نشاطها لخطوط إنتاجVHS وقرص الفيديو الرقمي واسطوانات الموسيقى الـ(MP٣)، وبرامج الحاسوب، والعاب الفيديو, والالكترونيات, والملابس, والأثاث, والطعام ...الخ وأنشأت الأمازون مواقع إلكترونية مستقلة في كندا، والمملكة المتحدة ، و ألمانيا، وفرنسا، والصين، واليابان، وتمد أيضا العديد من البلاد ببعض منتجاتها عن طريق الشحن الدولي.

■ سوق إي باي

من الأسواق الإلكترونية الرائدة في مجال الإلكترونيات والأغراض المستعملة والجديدة ويعتبر من أوائل المواقع المتخصصة ببيع الأخراض الخاصة على الإنترنت ويحقق أرقاماً وأرباح خيالية في نهاية كل عام مما جعله في خانة أكبر منافسي أمازون بالدرجة الأولى.

▪ سوق آي تيونز

هو أكبر سوق إلكتروني متخصص ببيع وسائل الترفيه الرقمية : أغاني-أفلام-مسلسلات-تطبيقات، وفي عام ٢٠١٠ استحدث سوق خاص لبيع الكتب الإلكترونية.

تأسس سوق آي تيونز في عام ٢٠٠١ من قبل شركة أبل الأمريكية على يد "ستيف جوبز" عند طرحها الأول لجهاز iPod الموسيقي الذي قلب صناعة الموسيقى الرقمية رأساً على عقب؛ ففي وقت قصير جداً أصبحت أبل أكبر شركة متخصصة في هذا المجال بل وأصبحت الوحيدة التي تقدم ذاك الكم من المحتوى الرقمي في مكان واحد وبسعر منافس ودرجة أمان عالية جداً.

آي تيونز ستور (كما يسمى) كان حصراً فقط على مستخدمي أنظمة أبل الحاسوبية فهو بالأساس -على عكس باقي الأسواق المذكورة سابقاً- عبارة عن برنامج حاسوبي يحمل من موقع الشركة على الشبكة، وكما هو معروف فإن نظام أبل الحاسوبي (Mac) يحتكر البرامج التي تعمل عليه لاختلاف طبيعته وبيئته عن أنظمة التشغيل الأخرى فلم يكن بمقدور مستخدمي الأنظمة الأخرى من استعماله.

بعد نجاح (السوق) لمستخدمي أبل قررت الشركة في مطلع الـ٢٠٠٣ إصدار نسخة من برنامج آي تيونز مخصصة لمستخدمي نظام مايكروسوفت ويندوز (٩٠% من حواسيب العالم تستخدمه)، ليتسنى لمستخدمي الأنظمة الأخرى إستخدامه والولوج لسوق آي تيونز، فزادت شعبية السوق بعد هذه الخطوة وزادت معها مبيعات أجهزة الموسيقى الرقمية iPod ، وفي عام ٢٠٠٧ أنشأت أبل سوق خاص لبيع التطبيقات التي تُحمل على الهاتف الثوري iPhone ووصل عدد محملي هذه التطبيقات في صيف الـ٢٠٠٩ الى ١٠٠ مليون مستخدم.

في بداية عام ٢٠١٠ كشفت أبل عن سوق للكتب الإلكترونية يدعى بوك ستور مزامنة مع إطلاقها جهاز iPad الذي يُمكن مستخدمه بفضل شاشته الكبيرة من قراءة الكتب الإلكترونية بوضوح وجودة عالية.

آي تيونز ستور يعتبر أول وأكبر سوق إلكتروني متخصص بالترفيه الرقمي ويحقق لأبل أرقام فلكية من الأرباح تتجاوز حاجز الملايين، فعند ذكر كلمة تسوق إلكتروني يجب ذكر سوق أبل الرائد في هذا المجال، ومن أبرز منافسي هذا السوق هو غريم أبل الدائم مايكروسوفت بسوقها زون ستور.

الفصل الثالث

٣

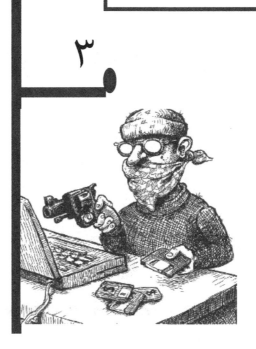

جرائم الإنترنت ودوافع الإحتيال

الجريمة والمجرم

جرائم الانترنت

جرائم الإنترنت من منظور شرعي وقانوني وجنائي

الجريمة والمجرم

ليس هناك من شك في أن ظاهرة الجريمة والمخالفة، تعد من اخطر الظواهر الاجتماعية التي تهدد الكيان البشري في أمنه، واستقراره، بل وحياته.

وانطلاقاً من الخطورة التي تتسم بها هذه الظاهرة تجد علماء القانون، وعلماء النفس يولون هذه الظاهرة اهتماماً منقطع النظير من حيث الدراسة حتى تمخضت هذه الدراسات عن نشوء علم مستقل باسم علم الاجرام (criminologie)، وإن كان هذا العلم (بالمعنى الفني للكلمة علماً حديث النشأة شأنه في ذلك شأن العلوم المتصلة بدراسة الإنسان، التي لم تتطور إلا بتطور المنهج العلمي التجريبي في دراسة الظواهر الاجتماعية والبحث في حقائق الحياة).

لقد اصبح لهذا العلم قواعده الخاصة به، والتي تتصف بالعمومية التي يمكن اعادة الجزئيات إليها - على الرغم من بعض الجدل المحتدم حول اعتباره علماً -كما اصبح من العلوم التي تدرس بشكل منتظم في جامعات العالم وقد عرف علم الاجرام بأنه <u>ذلك الفرع من العلوم الجنائية الذي يبحث في الجريمة باعتبارها ظاهرة في حياة الفرد، وفي حياة المجتمع، لتحديد وتفسير العوامل التي أدت إلى ارتكابها</u>، لقد أدلى فقهاء القانون، وعلماء النفس بدلائهم في غمار هذا العلم وأسسوا النظريات في عوامل السلوك الاجرامي لدى الإنسان.

تقسيم النظريات

هناك نوعان من النظريات التي قيلت في تفسير ظاهرة السلوك الاجرامي وهي:

✓ النظريات النفسية.

✓ النظريات الاجتماعية.

ولكن تجدر الإشارة إلى أن هناك من دمج بين هذين النوعين من العوامل في نظريته لتفسير ظاهرة السلوك الاجرامي، وذلك تلافياً لما ورد على النظريات التي تعتمد جانباً واحداً في تفسيرها .

النظريات الفردية

يركز هذا القسم من النظريات على العوامل الفرديه الذاتيه في تفسيره لمسأله السلوك الاجرامي، فهو يرجع السلوك الاجرامي لدى الأفراد لاسباب ذاتية نفسية ومن هذه النظريات نذكر:

- **نظرية لومبروزو Lombroso:**

يعتبر لومبروزو - أستاذ الطب الشرعي والعقلي في الجامعات الايطالية - الرائد في النظريات الفردية وبحكم امتلاك لومبروزو الروح التأملية فقد ساعده ذلك كثيراً في تفسير ما يدور حوله من الظواهر وخصوصاً السلوك الاجرامي لدى الأفراد.

لقد لاحظ لومبروزو بان "الجنود الاشرار يتميزون بعدة مميزات جسدية لم تكن موجودة في الجنود الاخيار" وذلك خلال عمله في مجال الطب الشرعي في الجيش الايطالي لبعض الوقت.

فمن المميزات التي لاحظها لومبروزو في الجنود الأشرار (الوشمات والرسوم القبيحة التي كانوا يحدثونها على اجسادهم).

هذا ما كان قد لاحظه مما يبدو للعيان على اجساد المجرمين، أما من خلال تشريح جثث الكثيرين من هؤلاء المجرمين فقد تبين له (وجود عيوب في تكوينهم الجسماني وشذوذ في الجمجمة... وانتهى لومبروزو من ذلك إلى أن المجرم نمط من البشر يتميز بملامح عضوية خاصة، ومظاهر جسمانية شاذة يرتد بها إلى عصور ما قبل التاريخ أو أن الإنسان المجرم وحش بدائي يحتفظ عن طريق الوراثة بالصفات البيولوجية والخصائص الخلقية الخاصة بانسان ما قبل التاريخ ومن بين هذه الخصائص صغر الجمجمة، وعدم انتظامها، وطول الذراعين، وكثرة غضون الوجه، واستعمال اليد اليسرى وضخامة الكفين والشذوذ في تركيب الأسنان إلى جانب عدم الحساسية في الشعور بالألم.

وبالاضافة إلى تلك الصفات العامة وقف لومبروزو على بعض الملامح العضوية التي تميز بين المجرمين، فالمجرم القاتل يتميز بضيق الجبهة، وبالنظرة العابسة الباردة، وطول الفكين وبروز الوجنتين، بينما يتميز المجرم السارق بحركة

غير عادية لعينيه، وصغر غير عادي لحجمهما مـع انخفـاض الحـاجبين وكثافـة شـعرهما وضـخامة الانـف وغالباً ما يكون أشولاً.

هذا ملخص لنظرية لومبروزو في السلوك الاجرامي والتي ركز فيها علـى وجـود صفات عضـوية يتميز بها المجرم عن غيره، وقد تعرضت نظرية لـومبروزو إلى الكثير مـن الانتقـادات القاتلـة وتلـك التـي اضطرته في النهاية إلى إجراء تعديل عليها فادخل تأثير العامل العصبي في تفسير السلوك الاجرامي.

<u>ومن الانتقادات التي وجهت لنظرية لومبروزو نذكر:</u>

❖ إن الحالات التي ركز لومبروزو جهوده عليها في تجاربه لم يكن اصحابها من الكثرة بحيث يمكن استخلاص قانون عام يمكن تطبيقه على جميع الحالات الاجرامية، وهذا من الأخطاء الفظيعـة التي وقع فيها لومبروزو في صياغة نظريته.

❖ تركيزه على الجانب العضوي والمبالغة فيه كعامل للسلوك الاجرامي، واهماله بـل انكـاره تـأثير العوامل الأخرى - بيئية، واجتماعية، وغيرها - في سلوك المجرم.

❖ اعتبار بعض المظاهر التي يحدثها أي إنسان فضلاً عن الإنسان المجرم علامة على كـون محـدثها مجرماً، وذلك من قبيل إحداث الوشم وتحمل الألم لأجله، فهذا دليل - حسب قول لـومبروزو - على عدم الإحساس بالألم، وبالتالي فإن عدم الإحساس بالألم من صفات المجرمين.

❖ وكذلك مسألة استخدام اليد اليسرى علامة على السلوك الإجرامي.

لكن ومع الانتقادات الكثيرة التي وجهت لنظرية لومبروزو فسوف يظل لومبروزو المؤسس الأول لعلم الانتروبولوجيا الجنائيـة أو الإنسـان المجـرم كعلـم مسـتقل تجـاه العلـوم الاجتماعيـة... أمـا نظريتـه البيولوجية في عوامل تكوين الظاهرة الاجرامية فيكفيها أنها الدراسة الأولى التي استخدمت المنهج العلمي في تفسير الظاهرة الاجرامية.

- **نظرية دي تيليو Di Tullio (نظرية التكوين الإجرامي):**

جاءت نظرية دي تيليو كرد فعل على نظرية لومبروزو التي ركزت - كما تقدم - على وجود (المجرم بالتكوين) ودي تيليو وإن اتفق مع لومبروزو على وجود المجرم بالتكوين إلا انه أنكر كونه عاملاً وحيداً للسلوك الإجرامي، وإنما يشكل مع غيره من العوامل الاجتماعية عاملاً مركباً للسلوك الإجرامي.

لقد اتفق دي تيليو مع لومبروزو من حيث المبدأ بادئ ذي بدء إلا انه بدأ يتحول تدريجياً ورويداً رويداً(من فكرة المجرم الحتمي بالتكوين إلى فكرة المجرم الاحتمالي).

وتتخلص نظرية دي تيليو باعتقاده بوجود ميل واستعداد للاجرام لدى الشخص المجرم وذلك إثر تكوين خاص للشخصية الفردية، واتسامها بصفات عضوية ووظيفية وراثية أو طبيعية أو مكتسبة من البيئة لقد فرق دي تيليو بين صورتين رئيسيتين للاستعداد الإجرامي: الأولى عرضية والثانية ثابتة.

فالأولى: هي عوامل فردية واجتماعية اقوى من قدرة الجاني على ضبط مشاعره فتحرك عوامل الجريمة لديه ومن أنواعها الحقد والغيرة.

والثانية: متجسدة في تكوين الإنسان وتتركز في ناحيتي التكوين العضوي والنفسي للشخصية الفردية وهذا ما يسميه أيضا دي تيليو الاستعداد الأصيل للاجرام المنبعث عن شخصية الجاني والذي يمثل مصدراً للجرائم الخطيرة.

لقد اعتبر دي تيليو بأن لافرازات الغدد اثرها الكبير على سير أجهزة الجسم، والتي لها انعكاساتها في الوقت ذاته على مظاهر الحياة النفسية للانسان، وبالتالي على معالم شخصيته، وقد خلص دي تيليو في النهاية إلى وجود (نموذج بشري غددي اجرامي).

إن نظرية دي تيليو وان لم تسلم من النقد كذلك إلا أنها تعتبر بالنسبة لعلم الإجرام اكثر النظريات قبولاً، ومن الانتقادات التي تعرضت لها النظرية نذكر:

❖ لقد بالغت النظرية في اعتبار تأثير الجانب العاطفي المختل في سلوك المجرم، وهذا يعني أن نظرية دي تيليو كانت كغيرها تقريباً في التركيز على الجانب الواحد.

❖ إن دي تيليو وقع فيما وقع فيه لومبروزو في استخلاصه قانوناً عاماً من حالات قليلة اخضعت للتجارب لا ترقى إلى مستوى استخلاص القانون العام.

❖ اهماله جانب المقارنة بين المجرمين والأسوياء والذي يعد على جانب كبير من الأهمية.

مدرسة التحليل النفسي

ينصرف ذهن الإنسان حين يذكر اسم مدرسة التحليل النفسي إلى مؤسسها العالم سيجموند فرويد (Sigmund Freud ١٨٥٦ - ١٩٣٩)، والذي اتفق مع المدرسة التكوينية في ارجاع السلوك الإجرامي إلى العوامل الفردية، إلا انه اختلف معها في كون هذه العوامل نفسية لا عضوية، وللوقوف على حقيقة نظرية التحليل النفسي لابد لنا من ذكر التحليل الذي قام به فرويد للنفس الإنسانية كي يتسنى لنا فهم ما يقوله في نظريته.

لقد قسّم فرويد النفس الإنسانية إلى ثلاث مراتب:

المرتبة الأولى: النفس ذات الشهوة (الذات الدنيا) ويرمز لها بالرمز (ID) والذي يعني (هو) وتحوي هذه المرتبة من النفس الميول الفطرية، والاستعدادات الموروثة، ويتركز اهتمام هذه المرتبة من النفس على الانسياق وراء الشهوات، وارضاء الغرائز بأية طريقة ممكنة بغض النظر عن اعتبارات المثل والقيم والمبادئ النبيلة.

المرتبة الثانية: الذات الشعورية أو الحسية (العقل) ويرمز لها بالرمز (EGO) ويعني (الأنا) وهي (مجموعة الملكات العقلية المستمدة من رغبات النفس بعد تهذيبها وفقاً لمقتضيات الحياة الخارجية) وتتمثل وظيفة هذه المرتبة من النفس بالسعي نحو إيجاد نوع من التوازن بين الميول الفطرية والاستعدادات الموروثة من جهة، وبين متطلبات البيئة الخارجية من المثل العليا، والقيم، والأخلاق، والعادات والتقاليد. إذن فهي بمثابة الكابح بالنسبة إلى المرتبة الأولى، لحملها على التعبير عن نزعاتها بالشكل الذي ينسجم مع مقتضيات البيئة، ولا يتعارض مع ما تأمر به (الأنا العليا) وهي المرتبة الثالثة كما سيأتي.

المرتبة الثالثة: الذات المثالية (الضمير) ويرمز لها بالرمز (super - EGO) الذي يعني (الأنا العليا)؛ وتتجسد هذه المرتبة بمجموعة المثل والقيم والتقاليد والعادات الموروثة عن الأجيال السابقة، وكذلك المكتسبة من البيئة الاجتماعية الحالية.

وتعمل هذه المرتبة (الأنا العليا) على محورين، فهي من جهة تمثل المصدر الحقيقي لردع المرتبة الأولى (هو) عن الانفلات من مقتضيات البيئة الخارجية، ومن جهة أخرى تمد (الأنا) بالقوة اللازمة للقيام بوظيفتها المباشرة في ردع وكبح جماح المرتبة الأولى من النفس.

وعلاوة على هذين المحورين هناك وظيفة ثالثة تتكفل بها الأنا العليا وتتمثل بمراقبة (الأنا) في أداء وظيفتها ومحاسبتها عند أي تقصير في أداء هذه الوظيفة.

وبعد أن قدمنا هذه المقدمة التحليلية الفرويدية للنفس الإنسانية نأتي إلى تلخيص رأي فرويد في عوامل السلوك الإجرامي - فنقول:

<u>يرى فرويد أن السلوك الفردي يتوقف على مدى العلاقة بين الأقسام الثلاثة السابقة للنفس الإنسانية، فإذا تغلبت الشهوات والميول الفطرية (النفس ذات الشهوة)، فإن السلوك يكون منحرفاً، وتكون شخصية صاحبه غير ناضجة، أما إذا تغلبت المثل والقيم الموروثة، وتحكم الضمير والعقل (الأنا العليا) كان السلوك قويماً وكانت شخصية صاحبه ناضجة.</u>

وللزيادة في التوضيح نقول أن فرويد قسم الذات الشعورية أو العقل (الأنا) - المرتبة الثانية للنفس - إلى ثلاثة أقسام:

○ الشعور: (العقل الظاهر): وهو وسيلة الوعي والإحساس والادراك المباشر.

○ ما قبل الشعور: (العقل الكامن): مجموعة الأفكار والنزعات والذكريات القابلة للاستظهار والتي يمكن للفرد تذكرها واسترجاعها.

○ اللاشعور: (العقل الباطن): وهو مجموعة الأفكار والخواطر التي ليس في وسع الإنسان استرجاعها وتذكرها إلا في الحالات الشاذة كالحلم، والحمى، والتنويم المغناطيسي.

ثم دمج فرويد بين الأول والثاني باسم الشعور (العقل الظاهر) فصارت أقسـام الـذات الشعورية اثنين فقط هما: **العقل الظاهر، والعقل الباطن.**

وعلل فرويد الدمج بوجود قوة خفية من شأنها صد الخواطر والذكريات عـن الظهـور في منطقـة الشعور لسببين:

الأول: كون هذه الذكريات والخواطر ضد العادات والتقاليد وقيم المجتمع.

الثاني: كون هذه الذكريات من النوع الذي لا يقوى الشعور على تحمل ما يصاحبها من الآلام قـد اطلق فرويد على هذه القوة الصادة اسم قوة الكبت (Repression).

خلاصة القول: إن فرويد يرى لقوة الكبت هذه ابلغ الأثر في سلوك الإنسان، يفوق في قوته وتأثيره قوة وتأثير الشعور علـى الإنسان، إن قـوة الكبـت هـذه تحـوي ذكريـات الطفولـة، والحـوادث النفسـية المكبوتة، (فإذا كانت تربية الإنسان حيـث كان طفلاً قائمـة على أسس متوازنة توفـق بـين الرغبـات والميـول وبين أصول التربية النفسية السليمة، فإن من شأن ذلك تصعيد الرغبات المكبوتة تصعيداً متسامياً صحيحاً، وإلا اصبح الكبت مرضياً، وكان الفرد معرضاً في مستقبل حياته للامـراض العصبية، والاضطرابات النفسـية والتي قد تؤدي إلى نشأة العقد النفسية)، وقد أعطى فرويد إلى العامل الجنسي القدر الأكبر من التـأثير في السلوك.

نقد نظرية فرويد

<u>تعرضت نظرية التحليل النفسي كغيرها من النظريات الفردية إلى العديد من الانتقادات نذكر منها:</u>

✓ لقد اخطأ فرويد (في نظريته عن الغريزة الجنسية، واعطى للـدافع الجنسيـ أهميـة تفـوق مـا يستحق في الواقع فقد اقام فكرتـه علـى أسـاس مبـدأ اللـذة، واعتبـر سـعادة النـاس وشـقائهم منوطين بكيفية اشباع غريزة التلذذ، ونجاحهم أو عدم نجاحهم في إرضاء الشـهوة الجنسـية)، بعبارة أخرى وقوع النظرية في التركيز على العامل الواحد في تفسير ظاهرة السلوك الإجرامي.

✓ إن الأخذ بمنطق المدرسة التحليلية يقودنا إلى التسليم بحتمية الوقوع في الجريمة تبعاً للصراع الذي يتم في الجانب اللاشعوري من النفس البشرية، وما يصاحبه من خلل أو اضطراب نفسي- ولكن هذا يتعارض مع اعتبار الجريمة مخلوقاً قانونياً يتجاوب مع متطلبات الحياة الاجتماعية).

النظريات الاجتماعية في تفسير السلوك الإجرامي

كان ما تقدم عرضاً موجزاً لأهم النظريات الفردية التي انشئت لتفسير ظاهرة السلوك الاجرامي، وقد أعرضنا عن ذكر جميعها اكتفاءاً بذكر الأهم منها.

وفي مقابل هذه النظريات هناك نظريات تفسر- ظاهرة السلوك الإجرامي على ضوء العوامل الاجتماعية، وعلى نفس المنوال سوف نتعرض إلى أهم ما قيل من النظريات في هذا المضمار وهما:

- نظرية التفكك الاجتماعي.
- نظرية العوامل الاقتصادية.

نظرية التفكك الاجتماعي

يعتبر عالم الاجتماع الأمريكي ثورستن سيلين رائد هذه النظرية، وصاحبها، فقد استوحى سيلين نظريته هذه من واقع المجتمع الأمريكي الذي عاصره، ومن واقع المجتمعات التي عاصرها ولم يعايشها بل طرقت مسامعه الظواهر الاجرامية فيها وقارنها بالمجتمعات الريفية التي وجد فيها انخفاضاً في حجم الظواهر الاجرامية قياساً إلى حجم تلك الظواهر في المجتمعات المتحضرة، مما شجعه على إجراء مقارنة عددية كان نتيجتها ارتفاع حجم الظاهرة الاجرامية ارتفاعاً كبيراً في المجتمعات المتحضرة وانخفاض حجم هذه الظاهرة انخفاضاً كبيراً في المجتمعات الريفية، لهذه العلة ارجع الظاهرة الاجرامية إلى التفكك الاجتماعي.

تتميز هذه النظرية بدعوتها إلى تشبه المجتمع المتحضر بالمجتمع الريفي في حرصه على الحفاظ على الروابط الاسرية والاجتماعية، كما تدعو إلى تربية الطفل وتنشأته نشأة ريفية تسودها القيم، والمثل العليا علاوة على ذلك تستنكر النظرية مسألة فساد الضمير الإنساني وتفككه نتيجة اغراقه بمظاهر الحياة الحضارية المنفلتة، وترى صلاح الضمير بالتعاون والترابط الاجتماعي.

إن هذه الميزات التي تميزت بها النظرية جعلتها مقبولة بدرجة كبيرة بالنسبة للبعض من علماء الاجرام، فهذا البعض يتفق مع منطق هذه النظرية بالنظر لما تمليه تربية الضمير من معانٍ سامية تدفع الإنسان لسلوك طريق الخير والرشاد، وحبه لأبناء مجتمعه، وقد حث رسول الله صلى الله عليه وسلم على اشاعة هذا الخير من خلال الربط بينه وبين الإيمان بقوله: **(لا يؤمن احدكم حتى يحب لأخيه ما يحب لنفسه).**

وعلى الرغم من المزايا التي تميزت بها هذه النظرية حيث كانت تحمل بين طياتها دعوة إلى التحلي بالقيم والمثل العليا لمكان أثرها الإيجابي في التخفيف من ظاهرة الجريمة، إلا أنها لم تسلم - مع كل هذا - من الانتقادات، <u>فمن هذه الانتقادات نورد</u>:

✓ على الرغم من اتّسام الغالبية العظمى من أفراد المجتمع المتحضرـ إن لم نقل الكل بسمات التفكك وضعف الروابط الاجتماعية فإن من يقترف الجريمة من هؤلاء هو البعض وليس الجميع ممن يتسم بالتفكك، ولو صح ارجاع السلوك الإجرامي إلى التفكك الاجتماعي للزم أن يكون كل من يتسم بالتفكك من المجرمين وليس البعض فقط.

✓ سبق أن قلنا بأن ثورستن سيلين - صاحب هذه النظرية - كان قد استوحى نظريته من واقع المجتمع الأمريكي، وما يتميز به من ظروف خاصة به. فعلى تقدير التسليم بصحة ودقة نتائج هذه النظرية فإن مجال تطبيقها هو المجتمع الذي نشأت وفق ظروفه لا غير. أي أنها لا تصلح للتطبيق إلا في المجتمع الأمريكي، وذلك لأن غيره من المجتمعات قد (لا يتسم بهذه السمات لذا لا يمكن قياسها على المجتمع الأمريكي الذي اجريت هذه الدراسة عليه).

نظرية العوامل الاقتصادية

هناك من العلماء من اتجه (إلى تفسير الظاهرة الاجرامية من خلال الربط بين الأوضاع الاقتصادية السائدة وبين السلوك الاجرامي).

ترى هذه النظرية بان (أفعال الأفراد وسلوكهم، وكذلك نظريات العلماء الاخلاقية، في كل عصر ـ تبين خصائص النظام الاجتماعي والأوضاع الاقتصادية لذلك العصر).

لقد تبنى كارل ماركس وأصحابه هـذه النظرية واستعانوا بها في طرح مذهبهم المناهض للرأسمالية الغربية التي رأوا فيها بانها تجسد الطبقية بين أبناء المجتمع مما يدفع الفئة المقهورة لاتخاذ المنهج المنحرف في سلوكها، وعليه فقد طرحوا نظريتهم بمثابة المنقذ وهي النظرية الاشتراكية.

لقد ارتبط اسم هذه النظرية - نظرية العوامل الاقتصادية - بالمذهب الاشتراكي، حتى اطلق البعض على هذه النظرية ومن يتبناها اسم المدرسة الاشتراكية في قبال النظرية، أو المدرسة الرأسمالية.

ووفقاً لمفهوم هذه المدرسة: إن الظاهرة الاجرامية ظاهرة شاذة في حياة المجتمع، وإنها ترتبط ارتباطاً وثيقاً بالنظام الرأسمالي بل إنها ثمرة من ثمراته، فتركيبة هذا النظام، وطبيعة العلاقات السائدة فيه تفضي حتماً إلى الظلم الاجتماعي، لأنه نظام لا يتوخى العدالة والمساواة، فتقع الجريمة نتيجة لهذا الظلم، أما في ظل المجتمع الاشتراكي فان مظاهر الجريمة تكاد تختفي تماماً، وإن وقوع بعض الجرائم الضارة برفاهية هذا المجتمع لا يغير من هذا الاتجاه، وإنما يدل على تفشي أمراض معينة في افراده.

نقد نظرية العوامل الاقتصادية

كغيرها من النظريات تعرضت نظرية العوامل الاقتصادية لمجموعة من الانتقادات منها:

✓ إن هذه النظرية وقعت في ما أخذ على غيرها من نظريات تفسير الظاهرة الاجرامية، وهو التركيز على العامل الواحد في تفسير ظاهرة السلوك الإجرامي وانكار أو اهمال دور غيره من العوامل الأخرى الذاتية منها وغيرها.

✓ اعتماد أصحابها في دعم رأيهم على جرائم معينة كالسرقة مثلاً، أو الكسب غير المشروع كما عند بونجيه، ومن ثم تعميم هذه النتائج

الجزئية على جميع مظاهر السلوك الإجرامي الأخرى، ولكن إذا كانت هـذه النظرية تصلح لتفسير جرائم المال، فإنها لا تصلح لتفسير باقي الجرائم كجرائم الاعتداء على الأشخاص وجرائم العرض، فهذه لا تتأثر إلا قليلاً بالتقلبات الاقتصادية كما أثبتت ذلك الدراسات الاحصائية.

✓ إن هذه النظرية تؤكد على أن العوامل الاقتصادية السيئة تمثل عـاملاً أسـاسياً مبـاشراً في دفع الأفراد إلى السلوك الإجرامي، كـما إنها (اعتبرت الفقر ممثلاً لهـذه الظروف باعتبـاره ظرفاً اقتصادياً سيئاً) حيث اكدت أن الفقر الـذي يصيب الفرد يكـون سبباً مبـاشراً في دفعه نحـو اقتراف الجريمة وهذا يعني أن هذه النظرية ربطت ربطاً مباشراً بـين السلوك الإجرامي وبـين الفقر.

إن مثل هذا الربط وما يترتب عليه من إبراز لأهمية الفقر، وتأثيره لا يمكن قبوله لسببين:

الأول: إن الفقر حالة نسبية تختلف باختلاف الأشخاص تبعاً لاتساع حاجـاتهم وتنوعها ووسـائل اشباعها لذا يصعب تحديد الحالة التي يكون عليها الفرد لأنه لا توجد وسائل ثابتة يمكن بموجبها اعتبار شخص ما فقيراً، لاختلاف الأسس والمقاييس بين الأفراد والمجتمعات في تحديد مفهوم الفقر

الثاني: لقد أثبتت الدراسات في مجال علم الإجرام - للتأكد من صحة الترابط بين الفقر والسـلوك الإجرامي - بان الجريمة كما تقترف من الفقراء يمكن أن تقترف أيضا من غير الفقراء... من أشخاص ينتمون إلى الطبقة العليا في المجتمع ويشغلون المراكز المحترمة فيه وهم رجال الاعمال، وكبار التجـار، وأصحاب المشاريع التجارية الضخمة، والمستثمرون.

لقد اثبت أحد أصحاب هذه الدراسات وهو الأستاذ سذرلاند معللاً بكون الوضع المالي الممتاز لمن سبق ذكرهم من الاغنياء، وما يتمتعون به من المزايا، وما يمارسونه من سلطات ونفوذ لا يمـنعهم - بنظر الأستاذ سذرلاند - من اقتراف الجرائم بل على العكس ربما تكون عاملاً مساعداً لانحرافهم حيث يشعرون بان

هذه المزايا تحقق لهم الحماية المرجوة فيعمدون إلى استغلال هذه الظروف لتحقيق منافع شخصية ذاتيه.

التفسير الإسلامي للسلوك الإجرامي

إن عدم تركيز اغلب الكتاب الإسلاميين على تفسير ظاهرة السلوك الإجرامي وفق الإطار الإسلامي، ومبادئ الشريعة الإسلامية لا يعني خلو هذه الشريعة العظيمة من تفسير لهذه الظاهرة الاجتماعية الخطيرة.

فكيف يمكن أن تهمل الشريعة الإسلامية - التي جاءت لتنظيم علاقات الإنسان الثلاث بنفسه وبربه وبغيره من أبناء جنسه - جانباً خطيراً كهذا ترتبط به مسألة استقرار المجتمع وأمنه، في حين جاءت بمسائل لا تأثير لها في العلاقات الاجتماعية أو قليلة الأثر كقضايا الهندام وغيرها.

فالدين الإسلامي جاءنا بحكم لكل شيء مهما صغر فكيف بالمسائل والأشياء الخطيرة فلابد أن يورد لنا ما يخصها من الأحكام.

إذن للإسلام، تفسيره لظاهرة السلوك الاجرامي، بل لديه التفسير الذي يتميز به عن التفسيرات التي جاءتنا بها النظريات المتقدمة.

فقد حرص الإسلام منذ فجره الأول على بناء مجتمع سليم يمثل القاعدة الصحيحة في إنشاء دولة الحق والعدل التي جاء لاقامتها، ولما كانت إقامة المجتمع السليم لا تتحقق بدون إعداد اللبنات الأولى فيه وهم الافراد، لذا فقد كان للفرد النصيب الأوفى في مهمة البناء والإعداد حيث كان دائماً مكان الرعاية والاهتمام إذ بذل الفقهاء المسلمون ما في وسعهم من اجل التوصل إلى هذه الغاية، والعمل على تحليل وتفسير السلوك الإجرامي من خلال التصور الإسلامي لشخصية الفرد، وتهيئة أسباب بنائها وصقلها.

<u>فما هو مصدر السلوك الاجرامي، وما هو التفسير الإسلامي لهذه الظاهرة؟</u>

(هل مصدر الجريمة هو الإنسان وطويته، أو بيئته ومعيشته؟) فقد تقدم أن لكل من هذين الامرين أصحابه وحججه في دعم الرأي الذي يتبناه في مصدر الجريمة، وعامل السلوك الإجرامي، المهم ماذا يقدم لنا الإسلام في هذا الصدد.

إذا رجعنا إلى آيات الكتاب، والأحاديث النبوية وجدناها على نوعين:

- منها ما يؤيد النظرية القائلة بان سبب الجريمة يكمن في نفس الإنسان.

- ومنها ما يدل بظاهره على أن الجريمة تتولد من البيئة والأوضاع الفاسدة.

ما يخص العوامل الفردية للسلوك الإجرامي

هناك الكثير من الآيات الكريمة، والأحاديث التي ترجع السلوك الإجرامي إلى عوامل ذاتيـة نـذكر

منها:

✓ من القرآن الكريم:

(أَفَلَمْ يَسِيرُوا فِي الْأَرْضِ فَتَكُونَ لَهُمْ قُلُوبٌ يَعْقِلُونَ بِهَا أَوْ آذَانٌ يَسْمَعُونَ بِهَا

فَإِنَّهَا لَا تَعْمَى الْأَبْصَارُ وَلَكِنْ تَعْمَى الْقُلُوبُ الَّتِي فِي الصُّدُورِ) [الحج:٤٦] ، فالآية

الكريمة هي في معرض الكلام عن المجرمين الذين يخالفون أحكام الشرع، فتصفهم بانهم عمي القلوب أي

أن أسباب اجرامهم، وانحرافهم هو ذاتي.

(وَلَقَدْ ذَرَأْنَا لِجَهَنَّمَ كَثِيرًا مِنَ الْجِنِّ وَالْإِنْسِ لَهُمْ قُلُوبٌ لَا يَفْقَهُونَ بِهَا وَلَهُمْ أَعْيُنٌ

لَا يُبْصِرُونَ بِهَا وَلَهُمْ آذَانٌ لَا يَسْمَعُونَ بِهَا أُولَئِكَ كَالْأَنْعَامِ بَلْ هُمْ أَضَلُّ أُولَئِكَ

هُمُ الْغَافِلُونَ) [الأعراف:١٧٩]

(أَرَأَيْتَ مَنِ اتَّخَذَ إِلَهَهُ هَوَاهُ أَفَأَنْتَ تَكُونُ عَلَيْهِ وَكِيلًا) [الفرقان:٤٣]

إلى غير ذلك من الآيات الكثيرة التي تحدثت عـن المجرمين الـذين يمعنـون في الاجرام ومخالفـة

السنن الإلهية وتتحدث كذلك عن دوافع أولئك التي تدفعهم لارتكاب الجرائم.

✓ من السنة الشريفة:

إما السنة الشريفة فهي حافلة بما يدل على الموضوع، والذي يشير إلى الدوافع الذاتية التي تـدفع

الإنسان نحو السلوك الإجرامي نذكر منه بعضاً على سبيل المثال لا الحصر:

(حسن السيرة عنوان السريـرة)، (عند فسـاد العلانيـة تفسـد السريـرة)، (مـن حسـنت سريرتـه

حسنت علانيته)، (كما تدين تدان).

ما يخص العوامل الاجتماعية للسلوك الإجرامي

تقدم القول بان الدين الإسلامي لم يكن قد ركز على عامل واحد في تفسيره لظاهره السلوك الإجرامي بحيث أنكر أو اهمل جانب العوامل الأخرى كما هو الحال بالنسبة لمن كتب من العلماء غير الإسلاميين في موضوع السلوك الاجرامي، ومن نظر له.

وقد ذكرنا طائفة من الآيات التي تدل على اثر العوامل الفردية (الشخصية) في السلوك الإجرامي بالإضافة إلى طائفة من الروايات، حيث ذكرنا كلاً على سبيل المثال لا الحصر.

وأما بالنسبة للعوامل الاجتماعية (الخارجية) التي تؤثر في انحراف الشخص، وارتكابه الجرائم فقد ورد في الكتاب الكريم والسنة الشريفة الكثير كذلك مما يدل على اثر العوامل الاجتماعية في السلوك الإجرامي للأفراد.

لقد بحث سماحة آية الله العظمى الإمام الشيرازي - دام ظله - عوامل السلوك الإجرامي مفصلاً في كتابه (الاجتماع) تحت عنوان عوامل الانحراف، وقد ذكر فيه كلا القسمين، القسم الأول من عوامل السلوك الإجرامي - العوامل الفردية - والقسم الثاني منها وهو العوامل الاجتماعية.

العوامل الاجتماعية للانحراف

- قد يكون - الانحراف - بالوراثة فان الانحراف في الآباء يرثه الأبناء، فالولد على سر ابيه، كما أن الولد يشبه العم والخال إلى غير ذلك مما أثبته علم الوراثة لكن الإرث لا يكون علة تامة - للانحراف - بل أمر اقتضائي.
- وقد يكون - الانحراف بالعرض - وهو على ضربين:
  - ما يكون سببه المعاناة في الصغر مثل تحقير الأولاد في البيت، أو المدرسة، أو في محل لعبه وما أشبه ذلك أو تدليل الأولاد اكثر من القدر المعتاد.
  - وقد يكون بسبب عدم ملائمة ظروف الحياة مثل الفقر، أو الحرمان، وحالة الفوضى والحرب... ولعل من أسباب جعل الإسلام اطلاق

السجناء في أيام الجمع والاعياد لأجل الصلاة، وعدم منع عائلة السجين عن ملاقاته بل وبقائهم معه - حيث لا دليل على منع ذلك - هو أن لا تتوفر الظروف السيئة حوله، حتى يتوجب انحراف شخصيته.

- **اثر المجتمع في الانحراف:**

المجتمع كلما كان اكثر انغلاقاً، كان اخصب لرشد الانحراف كما انه كلما كان اكثر حرية صحيحة كان اخصب لرشد الاستقامة... هذا من جهة، ومن جهة ثانية كلما بني الاجتماع على إعطاء الحاجات، وتوفرت فيه وسائل الحياة كان ابعد عن تكوين الانحراف، والعكس بالعكس.

- **العائلة واثرها في الانحراف أو عدمه:**

فعدم استقامة العائلة، عبارة عن عدم سلامة وامن البيت الذي يربى فيه الاولاد وبالتالي يكون الأولاد الذين يعيشون في نطاق هذه الأسرة اكثر عرضة للانحراف واتخاذ منهج الإجرام، من أولئك الذين يعيشون في كنف الأسر التي تتميز بامنها واستقرارها.

- **الحرمان ودوره في الانحراف**

إن الحرمان يؤثر على الجسم نقصاً في جهاز من الاجهزة، سواء كان بسبب سوء التغذية، أو بسبب عدم الوقاية من الحر والبرد... فيؤثر الاختلال الجسمي في الاختلال النفسي- وبالتالي ينعكس اثر الاختلال النفسي على سلوك الفرد سلباً.

العوامل الاجتماعية للسلوك الإجرامي في القرآن

هناك من الآيات القرآنية ما يشير - كما سبق أن ذكرنا - إلى العوامل الاجتماعية في تفسير ظاهرة السلوك الإجرامي، نورد منها:

(كَلَّا إِنَّ الْإِنْسَانَ لَيَطْغَى (٦) أَنْ رَآَهُ اسْتَغْنَى) [العلق:٧-٦] فالطغيان يستند إلى الإنسان الغني لا إلى طبيعة الإنسان.

الإسلام والعوامل التكوينية للسلوك الإجرامي

تبين من استعراض النظريات التي أسست في تفسير ظاهرة السلوك الإجرامي وعواملها، أن الخطأ الذي وقعت فيه تلك النظريات والذي كان سبباً في توجيه الانتقاد إليها جميعاً، هو أنها بالغت في التركيز على دور العامل الواحد - باعتباره دافعاً يدفع الإنسان نحو ارتكاب الجريمة - مع اهمال اثر العوامل الأخرى. وهذا الخطأ هو الذي دفع بعض أصحاب النظريات إلى إجراء تعديل في نظرياتهم كما حصل بالنسبة لنظرية لومبروزو والتي عدل فيها بعد انتقادها ولكنه ظل يدور في فلك العوامل الفردية، وكذلك الحال بالنسبة لـ(دي تيليو) الذي لم يتمكن من الخروج من فلك العامل الواحد على الرغم من محاولاته لاجراء موازنة بين العامل الفردي والعوامل الاجتماعية.

كما أن هذا الخطأ حدا ببعض علماء علم الإجرام إلى الدعوة لتبني العوامل التكوينية للسلوك الإجرامي ويقصدون بالعوامل التكوينية العامل المركب من عوامل نفسية وعوامل خارجية مستفيدين في ذلك من المعالجة الإسلامية لموضوع السلوك الإجرامي وعوامله، وممن دعا إلى هذه المعالجة الأستاذ الدكتور محمد شلال حبيب العاني في كتابه (علم الإجرام والعقاب) مثنياً في ذلك على التجربة الإسلامية في معالجة ظاهرة السلوك الإجرامي.

إذن فالدين الإسلامي الذي جاءنا من وحي الحق تبارك وتعالى لم يكن قد ركز على جانب دون آخر باعتباره من عوامل السلوك الاجرامي، فالآيات والروايات السابقة الذكر إن دل اختلافها على شيء فإنما يدل على أن أسباب الجريمة لا تنحصر في الإنسان وحده، ولا في معيشته وحدها، ولو كانت المعيشة هي السبب الوحيد لكان الإنسان آلة صماء، ولو انحصر السبب في الإنسان لكانت كل محاولة لاصلاح الأوضاع سفهاً وعبثاً .

جرائم الانترنت

جرائم الانترنت هي جرائم تختلف عن الجرائم المتعارف عليها، فالجاني لا يحمل مسدساً ولا يسطو على متجر، فهو جالس في بيته ولا يجد عناء في مجرد الضغط على زر يدخل به إلى شبكة الانترنت ويبدأ في اصطياد ضحاياه، وجرائم الانترنت تعددت صورها وأشكالها فلم تعد تقتصر فقط على اقتحام الشبكات وتخريبها أو سرقة معلومات منها بل شملت أيضاً جرائم أخلاقية مثل الاختطاف والابتزاز والقتل وغيرها، وفي ظل التطورات الهائلة لتكنولوجيا المعلومات، ونظراً للعدد الهائل من الأفراد والمؤسسات الذين يرتادون هذه الشبكة، فقد أصبح من السهل ارتكاب أبشع الجرائم بحق مرتاديها سواء كانوا أفراداً أم مؤسسات أم مجتمعات محافظة بأكملها. ويقوم مجرمو الانترنت بانتحال الشخصيات والتغرير بصغار السن بل تعدت جرائمهم إلى التشهير وتشويه سمعة ضحاياهم الذين عادةً ما يكونوا أفراداً أو مؤسسات تجارية ولكن الأغرب من ذلك أنهم يحاولون تشويه سمعة مجتمعات بأكملها خاصة المجتمعات الإسلامية، وهذا ما حد بالعالم لتحرك حيث وقعت ٣٠دولة على الاتفاقية الدولية الأولى لمكافحة الإجرام عبر الإنترنت في العاصمة المجرية بودابست، وشملت المعاهدة عدة جوانب من جرائم الإنترنت، بينها الإرهاب وعمليات تزوير بطاقات الائتمان ودعارة الأطفال.

الاتفاقية التي أظهرت مدى القلق العالمي من جرائم الانترنت اصطدمت بتيارين أولهما حكومي طالبت به أجهزة الشرطة وهو الرقابة الصارمة على مستخدمي الانترنت والتيار الثاني رفض المنظمات المدافعة عن حقوق الإنسان، والصناعات المعنية ومزودي خدمات الإنترنت للحد من حرية الأفراد في استخدام الانترنت.

أصبح الدخول إلى شبكة المعلومات الدولية "الإنترنت" مخاطرة غير محسوبة العواقب حيث انتشر الهاكرز على جنباته منتظرين الانقضاض على أول فريسة تقابلهم وهي بالطبع المستخدم الذى لا يملك فى جعبته إلا مجرد برامج إلكترونية لا تغنى ولا تسمن من جوع، ليتحول الانترنت من وسيلة إعلامية إلى

ساحة قتال اختلفت فيها الأسلحة، إلا أن النتيجة واحدة وهى الخسائر الفادحة للضحية وغنائم الحرب للقراصنة.

خريطة العالم تظهر أكثر ١٠ دول التي تنتج وتتعرض لعمليات الإحتيال الإلكتروني:

الدولة	النسبة
الولايات المتحدة الأمريكية	٦٦,١ %
المملكة المتحدة (بريطانيا)	١٠,٥ %
نيجيريا	٧,٥ %
كندا	٣,١ %

الصين	١,٦ %
جنوب أفريقيا	٠,٧ %
غانا	٠,٦ %
اسبانيا	٠,٦ %
ايطاليا	٠,٥ %
رومانيا	٠,٥ %

الأسباب الرئيسية للقيام بجرائم الإنترنت

كما ذكر سابقاً فالمجرم والمحتال واللص هم شخص واحد تتعدد طرق إحتياله والجهة التي يستهدفها، ومثل الجرائم التقليدية فهنالك أسباب تدفع هذا الشخص للقيام بمجموعة من الإجراءات غير القانونية لتحقيق أهدافه وغاياته وهذه الأسباب كثيرة ومتعددة ولا يمكن حصرها لأن طبيعة النفس البشرية متغيرة بتغير الزمان المكان والظروف المحيطة التي تؤثر على سلوك الفرد وتعامله مع غيره، ولأن حاجات البشر متجددة ومتغيرة فان طرق الوصول الى اشباعها أيضاً تتغير الشرعية منها وغير الشرعية، ولكن عند الحديث عن الإجرام في بيئة الإنترنت والحاسوب فعادةً تكون الدوافع واحدة والغاية معروفة وهي **الحصول على المعلومة بشكل غير مصرح به من مالكها**، ويمكن حصر الأسباب التي تدفع للقيام بعمليات (السطو) والإختراق والهجمات بما يأتي:

الدافع المادي

فمعظم عمليات الإحتيال التي تكون عبر شبكة الإنترنت هدفها مادي مثل سرقة أرقام البطاقات الإئتمانية وإختراق أنظمة البنوك ومراكز الصرافة و إختراق

شبكة من المصارف وتحويل أموال منها بطريقة غير شرعية وحتى مؤسسات الضمان الإجتماعي، فالدافع المادي يمثل الحاجة التقليدية لهذا المجرم وهو تأمين متطلبات العيش بطرق غير قانونية وغير مشروعة وغير متعبة فخلال أقل من ١٠ دقائق يتكمن هذا الشخص من جمع ثروة طائلة من أموال غيره من الناس دون تعب أو جهد وباستخدام عتاد بسيط ورخيص ومتوفر، كما أن بيئة الإنترنت توفر مناخاً مناسباً لتواجد ذاك الشخص فيه دون محاسب أو رقيب؛ فالمواقع الإلكترونية المتخصصة بعمليات التجارة الإلكترونية مثل "أي باي" لا تحقق بالشكل التقليدي عن مالك الأموال أو صلاحيته لاستخدام جزء منها.. فقط قم باختيار السلعة وادخل معلومات بسيطة ورقم بطاقة الإئتمان وتمت عملية البيع! فهذه الأمور توفر بيئة مناسبة لممارسة كافة الأعمال غير الشرعية بسهولة ويسر.

الدافع المعنوي

بعض الأشخاص يقومون بعملية الإحتيال فقط من أجل المتعة الشخصية واللهو وإثبات قدرتهم وبطشهم في عالم الحاسوب الإفتراضي؛ فيجدون المتعة في إلحاق الضرر بالآخرين ويشبعون رغباتهم الأنانية برؤية الآخرين يعانون من مشاكل هم في غنى عنها، والبعض الآخر يقوم بذلك إنتقاماً من شخص معين أو من جهة معينة فيقوم بالهجوم عليه بشتى الوسائل.

الدافع السياسي والعنصري

تمارس بعض الطوائف عمليات الهجوم الإلكتروني على طوائف أخرى أو جماعات أخرى لأهداف معينة (إنتقام- تهديد – تشويش – زعزعة الأمن- الإبتزاز) كما تقوم بها بعض الحكومات للتجسس والحصول على معلومات خاصة بالعدو، وتشتهر الحكومة الأمريكية بهذا النوع من أنواع الهجمات فهناك قضايا ومشاكل سياسية كثيرة بينها وبين الدول الأخرى تتعلق بهذا النوع من الهجمات.

دوافع أخرى

هنالك بعض الشركات المتخصصة بإنتاج الحلول الأمنية للمؤسسات تقوم بإطلاق هجمات إلكترونية على شكل برمجيات خبيثة عبر الشبكة بشكل سري وتقوم بعد ذلك بفترة بإعلان انها قامت بإنتاج مكافح أو معطل قادر على حماية النظام من هذه البرمجيات؛ فتتهافت الشركات والمؤسسات لشراء ذاك المكافح مما يعود بالنفع على الشركة المنتجة بالربح.

وأيضاً بعض الشركات تقوم بإطلاق بعض الهجمات بشكل علني لاختبار جاهزية النظام وقدرة تحمله لأي هجمة مستقبلية قد تصيبه وتعرف أحياناً هذه العمليات (بعمليات فحص النظام).

وأسباب أخرى كثيرة يصعب حصرها ولكن الفكرة والمسبب واحد وهو المخرب والمعتدي أي بمعنى آخر (محتال) وهذا الشخص يكون من غير المصرح لهم بالدخول للنظام أو الإطلاع على محتواه.

المنحى الرسمي في معالجة الإحتيال الإلكتروني وجرائم الإنترنت

بعد ازدياد الخطر من استخدام الانترنت بدأت العديد من المنظمات والهيئات إلى إطلاق الدعوات والتحذيرات من خطورة هذه الظاهرة التى تهدد كل مستخدمي الإنترنت خاصة بعد تقرير برلماني وضعته لجنة العلوم والتكنولوجيا في مجلس اللوردات البريطاني أظهر أن شبكة الانترنت تحولت إلى حلبة يرتع فيها المجرمون، وتنفذ فيها العصابات عمليات سرقة الأموال من الحسابات المصرفية، محذراً الحكومات والمؤسسات والشركات المختصة التدخل لتنظيم عملها قبل فوات الأوان .

وأضاف التقرير أن اقتصاد الظل الخفي يزداد انتعاشاً بفضل الجرائم الإلكترونية التي تدفع إلى الإحساس بأن الانترنت تحول إلى منطقة شبيهة بـ" الغرب المتوحش" في أميركا في عهودها الأولى، حيث تنعدم سيادة القانون.

وأظهر التقرير أن المصارف حول العالم فقدت ملايين الجنيهات الاسترلينية، بسبب الاحتيال المصرفي الإلكتروني، منها مبالغ خسرتها المصارف البريطانية في احد الأعوام وصلت إلى أكثر من ٦٧ مليون دولار .

وانتقد التقرير الحكومة البريطانية والمصارف وشركات تطوير برامج الحاسوب لتجاهلها عما يجري في الإنترنت من تهديدات خارج القانون، كما أن الجهات التي تجني الارباح من الإنترنت حالياً تتحمل قسطاً أكبر من المسؤولية لحماية أمن الشبكة، والا فإنها ستغامر بفقدان ثقة مستخدمي الشبكة بسلامة استعمالها .

وطالب مجلس اللوردات شركات إنتاج البرمجيات والشركات المزودة لخدمات الانترنت والمصارف وقوات الشرطة والجهات الحكومية الاخرى، باتخاذ خطوات لتأمين حماية أقوى للمستخدمين، بالإضافة إلى إجبار شركات البرامج والمصارف على دفع تعويضات لعملائها فى حالة تعرضهم للجرائم الالكترونية، نتيجة وجود ثغرات أمنية.

واقترح التقرير ضرورة إعادة النظر بمدة الحبس للجرائم المقترفة بواسطة الحاسوب، وذلك باضافة سنة واحدة إلى مدة الحبس لجريمة مماثلة من دون حاسوب.

وتشير آخر التقديرات إلى أن خسائر المصارف الأميركية الناجمة عن التصيد الاحتيالي على الانترنت، وصلت إلى ملياري دولار حيث يقوم القراصنة

بتصيد زبائن المصارف، وذلك بارسال رسالة الكترونية مزيفة تدعوهم لزيارة موقع مزيف، حيث تتم سرقة أرقام حساباتهم وكلمات المرور السرية لهم.

وكان تقرير بريطانى قد كشف حديثاً عن تزايد هجمات القراصنة على مواقع الانترنت وأجهزة الحاسوب عبر رسائل البريد الالكترونى من خلال محاولات التسلل خلسة الى أجهزة المستخدمين .

وأظهر التقرير أنه تم خلال شهر واحد فقط تم اعتراض ٧١٦ رسالة بريد الكترونى من هذه النوعية كانت جزءا من محاولات هجوم وتسلل بلغت ٢٤٩ محاولة استهدفت ٢١٦ من عملاء المؤسسة التى تقوم بعملية فلترة وتنقية لرسائل البريد الالكترونى عبر أجهزة الخوادم لديها لصالح عملائها .

وأشار التقرير ، الذى أعدته مؤسسة "معامل الرسائل الرقمية للبريد الالكترونى البريطانية" إلى أنه من بين هذه الهجمات محاولة هجوم تم القيام بها ٢٠٠ مرة عبر نوعية واحدة من رسالة بريد الكترونى استهدفت إحدى المنظمات بشكل مركز، مضيفاً أن الاعداد تمثل تزايدا كبيرا بالمقارنة بالارقام التى تم رصدها في الأعوام السابقة حيث بلغت محاولات الهجوم مرة أو مرتين فقط فى اليوم الواحد.

وعلى غرار مقولة "وداونى بالتى كانت هى الداء" لجأت العديد من الدول إلى استخدام القراصنة أنفسهم للحد من هذه الظاهرة ففى الولايات المتحدة الأمريكية بدأ مكتب التحقيقات الأمريكى الـ"إف بي آي" الاستعانة بقراصنة الحاسوب لمساعدتهم في مكافحة الجريمة والإرهاب من خلال الدخول على أجهزة المستخدمين ومراقبتهم على الشبكة الدولية وهو ما يعتبره بعض الخبراء نوعاً من أنواع قمع الحريات.

ويؤكد عملاء فيدراليون أن المرحلة المقبلة من مكافحة الإرهاب والجريمة ستتطلب الاستعانة بأذكى العقول التقنية لخوضها، وأن هذه العقول ستوفر مبالغ ضخمة تضطر الحكومة لدفعها إلى القطاع الخاص.

ويسعى العملاء الفيدراليون بالوصول إلى تكنولوجيا تتيح لهم أن يتعرفوا إلى هويات مستخدمي الانترنت ومعرفة ما يفعلونه.

وهو ما دفع مكتب التحقيقات الامريكي استغلال المؤتمر الدولي "ديفكون" للقراصنة المنعقد في لاس فيجاس للبحث عن كوادر من القراصنة تساعدهم على اختراق أجهزة الحاسوب والدخول على المواقع وغيرها من عمليات القرصنة التى قد تفيدهم فى الحد من عمليات الإرهاب.

وشارك ٦ آلاف من القراصنة ومحترفي الحاسوب في هذا المؤتمر، الذى ضم ألعاب ومسابقات وبحوث لاختراق أجهزة حاسوب ومواقع انترنت وقرصنة برامج وأقفال حقيقية.

وصرح كبير محللي الاختراق في وكالة الأمن القومي الأميركية توني سيجر أن الوكالة تعرض مشاركة المعلومات للعامة على أمل أن تكسب محترفي الحاسوب كحلفاء في مجال الأمن الرقمي .

أمثلة وأحداث لجريمة الإنترنت

عندما ظهرت شبكة الإنترنت ودخلت جميع المجالات كالحاسوب بدءًا من الاستعمال الفردي ثم المؤسسي والحكومي كوسيلة مساعدة في تسهيل حياة الناس اليومية، انتقلت جرائم الحاسوب لتدخل فضاء الإنترنت، فظهر ما عرف بجرائم الإنترنت كأداة أساسية، وكما هو الحال في جرائم الحاسوب كذلك جرائم الإنترنت قد تكون الإنترنت هدفًا للجريمة أو أداة لها.

وهناك العديد من الأمثلة لجرائم ارتكبت بالفعل من خلال الانترنت ففي بنك لويدز في أمستردام قام شاب عسره ٢٦ عاماً بتحويل مبلغ ٨,٤ مليون دولار عبر نظام الحوالات العالمية من فرع هذا البنك في نيويورك إلى حساب في بنك آخر في سويسرا .

واعتقلت الشرطة في إحدى مدن ولاية أوريجن الأمريكية شابًا عاطلاً عن العمل عمره ٢٦ عامًا استخدم أحد مواقع الدردشة على الإنترنت لتنظيم انتحار جماعي فيما يسمى بعيد الحب هذا العام لمن لم يوفق في حياته العاطفية.

روبر مورس شاب أمريكي يبلغ من العمر ٢٣ عامًا أطلق فيروسًا باسمه دمّر ٦ آلاف نظام عبر الإنترنت بينها أجهزة عدد من المؤسسات الحكومية بخسائر بلغت مئة مليون دولار، عوقب على إثرها بالسجن لمدة ٣ سنوات .

أما تيموثي ألن ليود فهو مصمم ومبرمج فصل من عمله، فما كان منه إلا أن أطلق قنبلة إلكترونية ألغت كافة التصاميم وبرامج الإنتاج لأحد أكبر مصانع التقنية العالية في نيوجرسي التي تعمل لحساب وكالة الفضاء NASA والبحرية الأمريكية .

وآخر تزعم عصابة من "الهاكرز" تضم خمسة أشخاص اربعة مصريين وفرنسي للاستيلاء على حسابات بطاقات "في" الخاصة بعملاء البنوك، لكن الشاب الفرنسي جان كلود كان أكثر نبلاً من أفراد العصابة المصرية، فقد استطاع تصميم بطاقة صرف آلي وسحب بها مبالغ من أحد البنوك ثم ذهب إلى البنك وأعاد إليه المبالغ وأخبرهم أنه فعل ذلك ليؤكد لهم أن نظام الحماية في بطاقات الصرف الخاصة بالبنك ضعيف ويمكن اختراقه، إلا أن ذلك لم يمنع الشرطة الفرنسية من إلقاء القبض عليه ومحاكمته. الأمر نفسه فعلته مجموعة من الشباب الأمريكي أطلقوا على أنفسهم "الجحيم العالمي" إذ تمكنوا من اختراق مواقع البيت الأبيض، والمباحث الفيدرالية، والجيش، ووزارة الداخلية؛ لكنهم لم يخربوا تلك المواقع، بل

اقتصر دورهم على إثبات ضعف نظام الحماية في تلك المواقع، إلا أنهم حوكموا أيضًا .

وقبـل عـدة سـنوات ألقت السـلطات الإسرائيلـية القبـض عـلى شـابين شـقيقين ضريرين من الفلسطينيين ووجهت إليهما تهمة اختراق مواقع وزارة الحرب الإسرائيلية.

مركز الشكاوى الخاصة بجرائم الإنترنت (IC3)

هو نظام تبليغ وإحالة لشكاوى الناس في الولايات المتحـدة والعـالم أجمـع ضـد جـرائم الإنترنت. ويخدم المركز، بواسطة استمارة للشكاوى مرسلة على الإنترنت وبواسطة فريق مـن المـوظفين والمحللـين، الجمهور ووكالات فرض تطبيق القوانين الأميركية والدولية التي تحقق في جرائم الإنترنت .

ونشأ مركز الشكاوى الخاصة بجرائم الإنترنت كمفهوم سـنة ١٩٩٨ بإدراك ملائم بـأن الجريمـة بدأت تدخل الإنترنت لأن الأعمـال التجاريـة والماليـة كانـت قـد بـدأت تتم عبر الإنترنت، ولأن مكتـب التحقيقات الفيدرالي أراد أن يكون قادراً على تعقب هذه النشاطات وعلى تطوير تقنيات تحقيق خاصة بجرائم الإنترنت .

ولم يكن هناك آنذاك أي مكان واحد معين يمكن للناس التبليـغ فيه عـن جـرائم الإنترنت، وأراد مكتب التحقيقات الفيدرالي التمييز بين جرائم الإنترنت والنشاطات الإجرامية الأخرى التي تُبلّغ عنها عادةً الشرطة المحلية ومكتب التحقيقات الفيدرالي والوكالات الأخرى التي تطبق القوانين الفدراليـة وهيئـة التجارة الفيدرالية (FTC) و المكتب الأمـريكي للتفتـيش البريـدي (USPIS)، وهـو الشـعبة التي تطبق القوانين المتعلقة بمصلحة البريد الأمريكية، وغيرها من الوكالات .

وقد تم تأسيس أول مكتب للمركز سنة ١٩٩٩ في مورجانتاون بولاية وست فرجينيا، وسمّي مركز شكاوى الاحتيال على الإنترنت. وكان المكتب عبارة عن

شراكة بين مكتب التحقيقات الفيدرالي والمركز القومي لجرائم موظفي المكاتب، وهذا الأخير مؤسسة لا تبغي الربح متعاقدة مع وزارة العدل الأمريكية مهمتها الأساسية تحسين قدرات موظفي أجهزة تطبيق القانون، على صعيد الولاية والصعيد المحلي، على اكتشاف جرائم الإنترنت أو الجرائم الاقتصادية ومعالجة أمرها.

وفي العام ٢٠٠٢، وبغية توضيح نطاق جرائم الإنترنت التي يجري تحليلها، بدءاً من الاحتيال البسيط إلى تشكيلة من النشاطات الإجرامية التي أخذت تظهر على الإنترنت، أعيدت تسمية المركز وأطلق عليه اسم مركز الشكاوى الخاصة بجرائم الإنترنت، ودعا مكتب التحقيقات الفيدرالي وكالات فيدرالية أخرى، مثل مكتب التفتيش البريدي وهيئة التجارة الفدرالية والشرطة السرية وغيرها، للمساعدة في تزويد المركز بالموظفين وللمساهمة في العمل ضد جرائم الإنترنت .

وفيما يلي مخطط لأعداد الشكاوى التي تلقاها المركز (بالألوف):

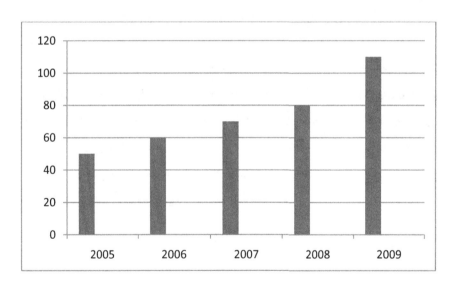

وقد أصبح هناك اليوم في مركز الشكاوى القائم بفيرمونت، بولاية ويست فرجينيا، ستة موظفين فيدراليين وحوالى أربعين محللاً من القطاع الأكاديمي وقطاع صناعة الحاسوب وخدمات الإنترنت يتلقون الشكاوى المتعلقة بجرائم الإنترنت من الجمهور، ثم يقومون بالبحث في الشكاوى وتوضيب ملفها وإحالتها إلى وكالات تطبيق القانون الفدرالية والمحلية والتابعة للولايات وإلى أجهزة تطبيق القانون الدولية أو الوكالات التنظيمية وفرق العمل التي تشارك فيها عدة وكالات، للقيام بالتحقيق فيها .

وبإمكان الناس من كافة أنحاء العالم تقديم شكاوى بواسطة موقع مركز الشكاوى الخاصة بجرائم على الإنترنت (www.ic٣.gov) ويطلب الموقع اسم الشخص وعنوانه البريدي ورقم هاتفه؛ إضافة إلى اسم وعنوان ورقم هاتف والعنوان الإلكتروني، إذا كانت متوفرة، للشخص، أو المنظمة، المشتبه بقيامه بنشاط إجرامي؛ علاوة على تفاصيل تتعلق بكيفية وقوع الجريمة حسب اعتقاد مقدم الشكوى ووقت وقوعها وسبب اعتقاده بوقوعها؛ بالإضافة إلى أي معلومات أخرى تدعم الشكوى .

جرائم الإنترنت من منظور شرعي وقانوني

يمكن النظر للانترنت كمهدد للأمن الاجتماعي وخاصة في المجتمعات المغلقة والشرقية، حيث أن تعّرض مثل هذه المجتمعات لقيم وسلوكيات المجتمعات الأخرى قد تسبب تلوثا ثقافيا يؤدي إلى تفسخ اجتماعي وانهيار في النظام الاجتماعي العام لهذه المجتمعات، إن الاستخدام غير الأخلاقي واللاقانوني للشبكة قد يصل إلى مئات المراهقين والهواة مما يؤثر سلبا على نمو شخصياتهم النمو السليم ويوقعهم في أزمات نمو، وأزمات قيمية لا تتماشى مع النظام الاجتماعي السائد، وبخاصة عند التعامل مع المواضيع الجنسية وتقديم الصور والمواد الإباحية.

والمخاطر الأمنية متجددة وليست قاصرة على وقت أو نوع معين و" مع دخول الحاسوب (الحاسب الآلي) الذكي إلى المنازل فان ذلك سيفتح الباب لأنواع متطورة من الجرائم التي تستغل إمكانية برمجة الأجهزة المنزلية ووصلها بالحاسب الآلي وبشكبة الانترنت، فطالما انك تستطيع مثلا وصل خزانة الأموال في مكتبك بشبكة الانترنت لإعطاء إنذار عند محاولة فتحها فربنا يكون من الممكن فتحها عن بعد بواسطة الحاسوب (الحاسب الآلي) ثم الوصول إليها وإفراغها .

واستلزم التطور التقني تطور في طرق إثبات الجريمة والتعامل معها، فالجرائم العادية يسهل - غالباً - تحديد مكان ارتكابها، بل أن ذلك يعتبر خطوة أولى وأساسية لكشف ملابسات الجريمة، في حين انه من الصعوبة بمكان تحديد مكان وقوع الحادثة عند التعامل مع جرائم الانترنت، لكون الرسائل والملفات الحاسوبية تنتقل من نظام إلى آخر في ثواني قليلة، كما انه لا يقف أمام تنقل الملفات والرسائل الحاسوبية أي حدود دولية أو جغرافية. ونتيجة لذلك فإن تحديد أين تكون المحاكمة وما هي القوانين التي تخضع لها أمر في غاية الحساسية والتعقيد خاصة وان كل دولة تختلف قوانينها عن الدولة الأخرى، فما يعتبر جريمة في الصين مثلا قد لا يعتبر جريمة في أمريكا والعكس صحيح، بل أن الأمر يصل إلى حد اختلاف قوانين الولايات المختلفة داخل الدولة الواحدة كما في الولايات المتحدة الأمريكية .

وأدى التطور التقني إلى ظهور جرائم جديدة لم يتناولها القانون الجنائي التقليدي، مما اجمع معه مشرعي القانون الوضعي في الدول المتقدمة على جسامة الجريمة المعلوماتية والتهديدات التي يمكن أن تنشأ عن استخدام الحاسب الآلي وشبكة الإنترنت، ودفعهم هذا إلى دراسة هذه الظاهرة الإجرامية الجديدة وما اثارته من مشكلات قانونية حول تطبيق القانون الجنائي من حيث الاختصاص القضائي ومكان وزمان ارتكاب الجريمة حيث يسهل على المجرم في مثل هذه الجرائم

ارتكاب جريمة ما في مكان غير المكان الذي يتواجد فيه أو الذي حدثت فيه نتائج فعله .

وتطوير القوانيين الجنائية وتحديثها امر يستغرق بعض الوقت فهناك تعديلات كثيرة مطلوب ادخالها على التشريعات التي تتعامل مع الجريمة كي تأخذ في الاعتبار المعطيات الجديدة التي نشأت عن إستخدام الحاسب الآلي في مجال المعلومات وعن ظهور شبكات المعلومات العالمية.

ولاقت جرائم الحاسب الآلي اهتماما عالميا فعقدت المؤتمرات والندوات المختلفة ومن ذلك المؤتمر السادس للجمعية المصرية للقانون الجنائي عام الفين وثلاث الذي تناول موضوع جرائم الحاسب الآلي والجرائم الأخرى في مجال تكنلوجيا المعلومات وتوصل الي توصيات احاطت بجوانب مشكلة جرائم الحاسب الآلي الا انها لم تتعرض لجزئية هامة وهي التعاون الدولي الذي يعتبر ركيزة اساسية عند التعامل مع هذه النوعية من الجرائم .

وهذا المؤتمر يعتبر تحضيرا للمؤتمر الدولي الخامس عشر للجمعية الدولية لقانون العقوبات الذي عقد في البرازيل عام ١٩٩٤والذي وضع توصيات حول جرائم الحاسب الآلي والانترنت والتحقيق فيها ومراقبتها وضبطها وركز على ضرورة ادخال بعض التعديلات في القوانين الجنائية لتواكب مستجدات هذه الجريمة وافرازاتها .

والتعاون الدولي مهم عند التعامل مع جرائم الإنترنت، كونه سيطّور اساليب متشابهة لتحقيق قانون جنائي واجرائي لحماية شبكات المعلومات الدولية، خاصة ان هذه الجرائم هي عابرة للقارات ولا حدود لها، وفي المقابل فان عدم التعاون الدولي سيؤدي إلى زيادة القيود على تبادل المعلومات عبر حدود الدول مما سيعطي الفرصة للمجرمين من الإفلات من العقوبة ومضاعفة أنشطتهماالإجرامية.

وتعتبر السويد أول دولة تسن تشريعات خاصة بجرائم الحاسب الآلي والانترنت، حيث صدر قانون البيانات السويدي عام الذي عالج قضايا الاحتيال عن طريق الحاسب الآلي إضافة إلى شموله فقرات عامة تشمل جرائم الدخول غير المشروع على البيانات الحاسوبية أو تزويرها أو تحويلها أو الحصول غير المشرع عليها.

وتبعت الولايات المتحدة الأمريكية السويد حيث شرعت قانونا خاصة بحماية أنظمة الحاسب الآلي (١٩٧٦م - ١٩٨٥م)، وفي عام (١٩٨٥م) حدّد معهد العدالة القومي خمسة أنواع رئيسة للجرائم المعلوماتية وهي:

جرائم الحاسب الآلي الداخلية، جرائم الاستخدام غير المشروع عن بعد، جرائم التلاعب بالحسب الآلي، دعم التعاملات الإجرامية، وسرقة البرامج الجاهزة والمكونات المادية للحاسب. وفي عام (١٩٨٦م) صدر قانونا تشريعاً يحمل الرقم (١٢١٣) عرّف فيه جميع المصطلحات الضرورية لتطبيق القانون على الجرائم المعلوماتية كما وضعت المتطلبات الدستورية اللازمة لتطبيقه، وعلى اثر ذلك قامت الولايات الداخلية بإصدار تشريعاتها الخاصة بها للتعامل مع هذه الجرائم ومن ذلك قانون ولاية تكساس لجرائم الحاسب الآلي، وقد خولت وزارة العدل الأمريكية في عام (٢٠٠٠م) خمسة جهات منها مكتب التحقيقات الفيدرالي (FBI) للتعامل مع جرائم الحاسب الآلي.

وتأتي بريطانيا كثالث دولة تسن قوانين خاصة بجرائم الحاسب الآلي حيث أقرت قانون مكافحة التزوير والتزييف عام (١٩٨١م) الذي شمل في تعاريفه الخاصة بتعريف أداة التزوير وسائط التخزين الحاسوبية المتنوعة أو أي أداة أخرى يتم التسجيل عليها سواء بالطرق التقليدية أو الإلكترونية أو بأي طريقة أخرى.

وتطبق كندا قوانين متخصصة ومفصلة للتعامل مع جرائم الحاسب الآلي والانترنت حيث عدلت في عام (١٩٨٥م) قانونها الجنائي بحيث شمل قوانين

خاصة بجرائم الحاسب الآلي والانترنت، كما شمل القانون الجديد تحديد عقوبات المخالفات الحاسوبية، وجرائم التجسس، أو الدخول غير المشروع لأنظمة الحاسب الآلي، كما وسّع فيه صلاحيات جهات التحقيق كما جاء في قانون المنافسة مثلا الذي يخول لمأمور الضبط القضائي متى ما حصل على أمر قضائي حق تفتيش أنظمة الحاسب الآلي والتعامل معها وضبطها ، وفي عام (١٩٨٥م) سنّت الدنمارك أول قوانينها الخاصة بجرائم الحاسب الآلي والانترنت والتي شملت في فقراتها العقوبات المحددة لجرائم الحاسب الآلي كالدخول غير المشروع إلى الحاسب الآلي أو التزوير أو أي كسب غير مشروع سواء للجاني أو لطرف ثالث أو التلاعب غير المشروع ببيانات الحاسب الآلي كإتلافها أو تغييرها أو الاستفادة منها.

وكانت فرنسا من الدول التي اهتمت بتطوير قوانينها الجنائية للتوافق مع المستجدات الإجرامية حيث أصدرت في عام (١٩٨٨م) القانون رقم (١٩-٨٨) الذي أضاف إلى قانون العقوبات الجنائي جرائم الحاسب الآلي والعقوبات المقررة لها، كما تم عام (١٩٩٤م) تعديل قانون العقوبات لديها ليشمل مجموعة جديدة من القواعد القانونية الخاصة بالجرائم المعلوماتية وأوكل إلى النيابة العامة سلطة التحقيق فيها بما في ذلك طلب التحريات وسماع الأقوال.

أما في هولندا فلقاضي التحقيق الحق بإصدار أمره بالتصنت على شبكات الحاسب الآلي متى ما كانت هناك جريمة خطيرة، كما يجيز القانون الفنلندي لمأمور الضبط القضائي حق التنصت على المكالمات الخاصة بشبكات الحاسب الآلي، كما تعطي القوانين الألمانية الحق للقاضي بإصدار أمره بمراقبة اتصالات الحاسب الآلي وتسجيلها والتعامل معها وذلك خلال مدة أقصاها ثلاثة أيام.

وفي اليابان سنت قوانين خاصة بجرائم الحاسب الآلي والانترنت ونصت تلك القوانين على انه لا يلزم مالك الحاسب الآلي المستخدم في جريمة ما التعاون مع جهات التحقيق أو إفشاء كلمات السر التي يستخدمها إذا ما كان ذلك سيؤدي إلى

إدانته، كما أقرت عام (١٩٩١م) شرعية التنصت على شبكات الحاسب الآلي للبحث عن دليل.

كما يوجد في المجر وبولندا قوانين خاصة بجرائم الحاسب الآلي والانترنت توضح كيفية التعامل مع تلك الجرائم ومع المتهمين فيها، وتعطي تلك القوانين المتهم الحق في عدم طبع سجلات الحاسب الآلي أو إفشاء كلمات السر أو الأكواد الخاصة بالبرامج، كما تعطي الشاهد أيضا الحق في الامتناع عن طبع المعلومات المسترجعة من الحاسب الآلي متى ما كان ذلك إلى إدانته أو إدانة احد أقاربه، بل تذهب القوانين الجنائية المعمول بها في بولندا إلى ابعد من هذا حيث أنها تنص على أن لا يقابل ذلك أي إجراء قسري أو تفسيره بما يضر المتهم.

هذا وعلى مستوى الدول العربية فانه وحتى تاريخه، لم تقم أي دولة عربية بسن قوانين خاصة بجرائم الحاسب الآلي والانترنت، ففي مصر مثلا لا يوجد نظام قانوني خاص بجرائم المعلومات، إلا أن القانون المصري يجتهد بتطبيق قواعد القانون الجنائي التقليدي على الجرائم المعلوماتية والتي تفرض نوعا من الحماية الجنائية ضد الأفعال الشبيهة بالأفعال المكونة لأركان الجريمة المعلوماتية، ومن ذلك مثلا اعتبر أن قانون براءات الاختراع ينطبق على الجانب المادي من نظام المعالجة الآلية للمعلومات، كما تم تطويع نصوص قانون حماية الحياة الخاصة وقانون تجريم إفشاء الأسرار بحيث يمكن تطبيقها على بعض الجرائم المعلوماتية، وأوكل إلى القضاء الجنائي النظر في القضايا التي ترتكب ضد أو بواسطة النظم المعلوماتية.

وكذا الحال بالنسبة لمملكة البحرين فلا توجد قوانين خاصة بجرائم الإنترنت، وان وجد نص قريب من الفعل المرتكب فان العقوبة المنصوص عليها لا تتلائم وحجم الأضرار المترتبة على جريمة الإنترنت. وقد أوكل إلى شركة البحرين للاتصالات السلكية واللاسلكية (بتلكو) مهمة تقديم خدمة الإنترنت للراغبين في ذلك، كما أنيط بها مسؤولية الحد من إساءة استخدام شبكة الإنترنت من قبل

مشتركيها، المملكة العربية السعودية اتخذت منهجاً دينياً في معالجة الجرائم الحاسوبية والمعلوماتية وتمحور بتبنيه الأمور الآتية:

لم تسن السعودية قوانين خاصة بجرائم الإنترنت، إلا أن الوضع مختلف هنا، فهي ليست في حاجة لتحديث قوانينها وتشريعاتها كونها تنطلق من الشريعة الإسلامية الكاملة، فالمشرع واحد لا ثاني له والتشريع أزلي لا تجديد له، وهو مع كونه أزلي فانه صالح لكل زمان ومكان كونه صادر من خالق الكون والعليم بما يَصْلُحُ له ويُصْلِحُهُ " وتركت الشريعة الإسلامية الباب مفتوحا لتجريم الجرائم المستحدثة تحت قواعد فقهية واضحة منها لا ضرر ولا ضرار وتركت لولي الأمر تقرير العقوبات لبعض الجرائم المستحدثة مراعاة لمصلحة المجتمع ويندرج ذلك تحت باب التعازير، وهناك قاعدة سد الذرائع أي "دفع الوسائل التي تؤدي إلى المفاسد، والأخذ بالوسائل التي تؤدي إلى المصالح" .

ومن المقرر فقهياً أن دفع المفاسد مقدم على جلب المصالح ونظراً لأن الظاهرة الإجرامية من الظواهر الاجتماعية التي تتميز بالنسبية، لأنها تختلف باختلاف الثقافات، فما يعد جريمة أو جنحة في مجتمع ما قد يعد مقبولا في مجتمع آخر.

فالتشريع والثقافة السائدان في كل مجتمع هما اللذان يحددان الجرائم والفضائل، لذا فان هذا البحث وعند دراسته لجرائم الانترنت في المجتمع السعودي فانه ينطلق من القوانين الشرعية المعمول بها في المملكة العربية السعودية التي تستمد قوانينها من كتاب الله وسنة نبيه محمد عليه أفضل الصلاة وأزكى التسليم، وليس من القوانين الوضعية التي قد تتفق في تعريف الجريمة إلا أنها تختلف حتما في تقسيمها للجريمة.

فالجريمة في القوانين الوضعية تعّرف بأنها كل فعل يعاقب عليه القانون، أو امتناع عن فعل يقضي به القانون، ولا يعتبر الفعل أو الترك جريمة إلا إذا كان

مجرّماً في القانون. أما التعريف الشرعي للجريمة فهي إتيان فعل محرم معاقب على فعله أو ترك فعل محرم الترك معاقب على تركه، أو هي فعل أو ترك نصت الشريعة على تحريمه والعقاب عليه، أو بمعنى آخر هي فعل ما نهي الله عنه، وعصيان ما أمر الله به.

وقد لا يبدوا أن هناك اختلاف كبير بين التعريفين، وهذا صحيح إلى حد كبير، ولكن يتّضح الاختلاف في التقسيم الذي يأخذ به كل فريق، ففي الشريعة الإسلامية تقّسم الجريمة من حيث جسامة العقوبة إلى حدود، قصاص أو دية، وتعازير، في حين تقّسم القوانين الوضعية الجريمة من حيث العقوبة إلى جنايات، جنح، ومخالفات ، أو بمعنى آخر فان القوانين الوضعية " تقسم الجريمة أساسا على مقدار العقوبة، وبذلك كأن تحديد الجريمة يعتبر فرعا من العقوبة، في حين أن التشريع الإسلامي يجعل الأساس في العقوبة هو جسامة الجريمة وخطرها من حيث المساس بالضرورات الخمس، وبشكل أدق فالاختلاف يقع في التقسيم الثالث أي في قسم التعازير في الشريعة وقسم المخالفات في القوانين الوضعية، ففي الأولي أشمل واعم حيث انه يدخل في التعازير كل الأفعال سواء المجرمة أو غير المجرمة، أي التي لها عقوبة محددة أو التي لم ينص علي عقوبة محددة لها، فالعقوبة هنا تقديرية للقاضي وتبدأ من الزجر والتوبيخ وتصل إلى حد إيقاع عقوبة القتل تبعا للفعل المرتكب ولنظرة القاضي لذلك الفعل. في حين يحدد القانون الوضعي عقوبات محددة للمخالفات بمعنى انه لا يمكن معاقبة أي فعل ما لم يكن هناك نص محدد له في القانون وإلا لم يعتبر جرما، ومن هنا تختلف النظرة إلى الجريمة في الشريعة الإسلامية عنها في القوانين الوضعية حيث أنها أشمل وأعم في الشريعة عنها في القوانين الوضعية، الأمر الذي يجعل معه الشريعة الإسلامية متطورة ومتجددة دوما فهناك عقوبة لكل فعل شاذ أو غير مقبول وان لم ينص على تجريمه قانونيا.

ولا يعنى هذا أن كل الأفعال مجرّمة في الشريعة بل المقصود هو أن أي فعل شاذ أو منافي لتعاليم الدين الإسلامي ولو كان جديدا فإن هناك عقاب له في الشريعة، فالأساس بلا شك في اعتبار الفعل جريمة في نظر الإسلام هو مخالفة أوامر الدين، أما العقوبة المقررة لكل جريمة فمتفاوتة حيث "تتفاوت الجرائم في الإسلام بتفاوت ما فيها من مفاسد، فالشريعة حددت إطار عام للأفعال المقبولة وغير المقبولة جديدها وقديمها، كما حددت العقوبة المناسبة لكل جريمة أو فعل غير مقبول، وهنا سر تفوق الشريعة الإسلامية.

ومن هذا فقضية الجريمة والعقوبة ومستجداتها أمر محسوم في المملكة العربية السعودية ويميزها عن غيرها من الدول، فالقانون الجنائي لديها، والمستمد من الشريعة، يتسم "بوضع متميز بين سائر التقنيات الجنائية المقارنة، حيث عالجها الشارع الحكيم في إطار النظام القانوني الشامل المتكامل الذي يغطي كل جوانب الحياة ويصلح لكل زمان ومكان. فالتجريم والعقاب في النظام الإسلامي يتوجه مباشرة إلى صيانة وحماية المصالح المعتبرة في الإسلام، وهي الدين والنسل والنفس والمال والعقل، وأي اعتداء على مصلحة من تلك المصالح يعتبر جريمة يعاقب فاعلها، ويختلف بالطبع مقدار العقوبة حسب جرامة الفعل الإجرامي.

ومع ذلك فالأمر يحتاج إلى وضع أسس تنظيمية فاعلة وشاملة لتحديد الجهة المخولة بداية للتعامل مع جرائم الإنترنت والأفعال غير الأخلاقية والتصرفات السلبية التي تحدث أثناء استخدام شبكة الإنترنت تحقيقاً وضبطاً ووقايةً، وكذلك تحديد كيفية التعامل الإداري والإجرائي في هذه القضايا، فلا بد أن يواكب استخدام المملكة العربية السعودية لتقنية الإنترنت ظهور أنماط جديدة من الإجرام -كغيرها من الدول التي أخذت بالتقنية الحديثة-فهذه الأنماط ليست قاصرة على دولة دون أخرى.

فلا بد إذن من وضع تنظيم إداري واضح للحد من سلبيات هذه الأفعال ومحاسبة مرتكبيها وإعطاء الحق للمتضررين منها. فهذه التنظيمات سوف تُفَعِّلْ

قوانين وتشريعات المملكة المستمدة من الشريعة الإسلامية لتضع بعض الحواجز والروادع أمام من يرتكب مثل هذه الجرائم .

وقد بدأت المملكة بالعمل في هذا الاتجاه حيث أوكلت المهمة مبدئيا إلى مدينة الملك عبدالعزيز للعلوم والتقنية لتقديم هذه الخدمة عبر مزودي خدمة تجاريين، كما شكلت لجنة أمنية دائمة برئاسة وزارة الداخلية وعضوية ممثلين من القطاعات الأمنية والدينية والاجتماعية والاقتصادية المختصة للإشراف على أمن خدمة الإنترنت في المملكة وتشمل مهمتها تحديد المواقع غير المرغوبة والتي تتنافى مع الدين الحنيف والأنظمة الوطنية ومتابعة كل ما يستجد منها لحجبها خاصة تلك المواقع الإباحية أو الفكرية أو الأمنية .

ولعلنا لا نغفل العادات والتقاليد المستوحاة من شريعتنا الإسلامية وتقاليدنا العربية الأصيلة والتي تزرع بداخل المواطن الوازع الديني الرادع عن ارتكاب المخالفات والنواهي، ومع كل هذه الضوابط فالنفس أمارة بالسوء والشيطان يجري من ابن ادم مجرى الدم، فيجب أن يكون هناك ضوابط عقابية تحد من يضعف رادعه الإيماني ليجد الرادع السلطاني له بالمرصاد فان الله ليردع بالسلطان ما لا يردع بالقرآن.

القانون الجنائي والتعامل مع هذا الجيل الجديد من مرتكبي هذه الجرائم

الانترنت جريمة الاذكياء وحرب المعلومات فاحد مشاكل الانترنت ان المستعمل يكون مجهولا وغالبا ما يستخدم اسماء مستعارة بدلا من اسمة الحقيقى فعدم تحديد الشخصية يشجع ويغرى الشخص على ارتكاب جرائم ما كان يفكر فيها فلا توجد مبادئ اخلاقية للسلوك المقبول او المفروض فى عالم الانترنت فنزيل الفندق مثلا يعلم انه يمكنه الدخول فى غرفته طالما يقوم بدفع الحساب ولا يقوم باى افعال مزعجة ويعلم كذلك انه من حقة استعمال مناطق الفندق العامة مثل البهو والمرحاض والمطعم ويعلم المناطق الاخرى الخاصة بالفندق مثل المكاتب الادارية

واماكن التخزين والمطابخ وما اشبه محظورة عموما والنزيل يعلم هذة الاشياء دون ان يحدد له احداها وتأتى هذه المعرفة من التجربة بيد انه ليس لفضاء المعلومات تجربة اخلاقية عامة فحدود السلوك المقبول او حتى السلوك الاخلاقى فى فضاء المعلومات ليست واضحة بعد؛ فلم يواكب التقدم العلمى تقدم خلقى يحد تصرفات من يستخدم هذه التقنية.

المال المعلوماتي والانترنت

يمثل الانترنت رحلة بلا نهاية ولا حدود فى عالم المعلومات فالتطورات العلمية الحديثة ترتبط ارتباطا وثيقا بانظمة المعلومات والاتصالات وتعتمد المعاوماتية فى انتشارها على انظمة المعلومات فكلما تقدمت هذه الانظمة وارتقت كلما اتيح للمجتمع ان ينمو ويتطور ويتقدم لذلك اصبحت برامج المعلومات تعد قيمة غير تقليدية نظرا لاستخدامتها المتعدد فى كافة المجالات الاجتماعية والاقتصادية .

لذلك تبدو اهمية الانترنت بصفته مصدر للمعلومات بالنسبة لاجهزة الحاسوب بمثابة القلب من جسم الانسان فهى لها قيمتها السياسية والاقتصادية والثقافية تلك القيمة جديرة برفعها الى مصاف الاموال فيتحدد سعرها بوصفها سلعة قابلة للتداول خاضعة لظروف العرض والطلب وتباع وتشترى فى سوق يدور فيه الصراع حول مبالغ هائلة مما ادى الى ظهور قيمة اقتصادية جديدة واموال جديدة عرفت بالاموال المعلوماتية وصاحب ظهور هذا المال المعلوماتى جرائم جديدة عرفت بالجرائم المعلوماتية وهذه الجرائم يمكن تصورها من زاويتين الاولى تكون المعلوماتية اداة او وسيلة للغش او الاعتداء والزاوية الثانية تكون المعلوماتية موضوعا للاعتداء فالاتجاة الاول يستخدم الجانى المعلوماتية لتنفيذ جرائم سواء تعلق منها بجرائم الاعتداء على الاشخاص او الاموال كالنصب والسرقة وخيانة الامانة اما الجرائم من الزاوية يكون المال المعلوماتى محلا وموضوعا لها .

صفات المعلومة

هنالك صفات وخواص للمعلومة نذكر منها:

- ان تكون محددة ومبتكرة فالمعلومة بوصفها رسالة مخصصة للتبليغ يلزم ان تكون محددة حيث ان التبليغ الحقيقى يستلزم التحديد اما الابتكار فهو المميز للمعلومة ويضفى عليها الخصوصية ويجعلها مرتبطة بشخص او مجموعة محددة من الاشخاص
- ان تتصف بالسرية والاستئثار فالسرية هى تختص الاشخاص الذين لهم الحق فى الاطلاع على المعلومات والتى يتصور معها تدخل المشرع بالحماية لان المعلومات غير السرية تكون بمثابة امور شائعة فى متناول الكافة ، اما الاستئثار فانة يجعل المعلومة من قبيل الاسرار .

الملكية فى فضاء المعلومات

تمثل الملكية فى فضاء المعلومات تحديا كبيرا لرجال القانون الجنائى فنظرا لغياب الطبيعة المادية للمعلوماتية فقد حدث خلاف فى الفقة حول امكانية تملك المعلومات وبالتالى صلاحيتها لامكان خضوعها لحماية الجنائية ، فذهب راى مستحدثات العصر والتقنيات الحديثة اظهرت ما عرف بالمال المعلوماتى وهذا المال يمكن تملكة ويمضى هذا الراى القول بانة فى مجال المعلوماتية فاذا كان ثمة خلاف حول طبيعة هذا المال هل هو مال مادى ام معنوى ، بيد ان الثابت انه هذا المال معرض للاعتداء عليه فحتى الاشياء المملوكة ملكية معنوية والتى يعترف بها القانون ترتكز على الاعتراف بان المعلومة قيمة ، لذلك يجب ان تعامل بوصفها قيمة وتصبح محلا للحق فلا توجد ملكية معنوية بدون الاقرار بالقيمة المعلوماتية وهذه القيمة عند الاقتضاء يمكن ان ترفعها الى مصاف القيمة الى ان تحاز حيازة مشروعة او غير مشروعة فالمعلومة عندما يتم تخليقها او استحداثها فانها تختص مالكها فيكون هو السيد عليها ويمكنة رفض اذاعتها فالحق فى الحبس خاصية

طبيعية للحيازة المشروعة فعلاقة المعلومة بصاحبها اسبة بعلاقة الابن بابية ، فالمعلومات لايمكن احتكارها وبالتالى لايمكن تملكها فالافكار والمعلومات تسير كما تشاء .

المعلومة والحماية الجنائية

قد ظهر اتجاهان مختلفان الاتجاة الاول يرى ان المعلومات لاتعتبر مالا والثانى يرى ان المعلومات مالا جديرة بالحماية والسرية

<u>الاتجاة الاول : المعلومات لا تعتبر مالاً</u>

ذهب هذا الاتجاة الى ان المعلومات ليس لها طبيعة مادية فاشياء المحسوسة هى التى تعتبر من قبيل الاشياء المادية ولغياب هذا الكيان المادى للمعلومات لا يجعلها محلا لحق مالى من نوع الحقوق المتعارف عليها فى الفقة والتى تردعلى كيانها مادية لذلك يلزم بالضرورة استبعادها من طائفة الاموال فعدم مادية المعلومة هو الذى ادى بهذا الراى الى استبعادها من طائفة الاموال فوصف القيمة لايضفى الا على الاشياء المادية والاشياء التى توصف بالقيم هى تلك القابلة للاستحواز فالمعلومة طبيعتها معنوية فانها غير قابلة للاستئثار وبالتالى لا تندرج فى مجموعة القيم فبرامج المعلومة عمل زهنى والبرامج بهذا المفهوم تدخل فى نطاق مجال الاحكام الخاصة بحماية الملكية الفكرية فالمعلومة بعيدة عن دعامتها لاتقبل للملك والاستئثار فالانتفاع بها مباح للكافة وبالتالى لايمكن ان تكون محلا للملكية الفكرية.

<u>الاتجاة الثانى : المعلومات مالاً</u>

اتجة الراى الى امتداد وصف المال المادى الى المعلومة فى حد ذاتها على سند القول بان المعلومة من طبيعة مادية وسند ذلك انه لا يجوز الخلط بين طبيعة حق صاحب الشى وطبيعة الشى ذاته فليس بالضرورة اذا كانت طبيعة حق صاحب الشى ذاته معنوية فهذا رابط حيث لا ابطة اذ انه لا لزوم له وان الفيصل فى تحديد

ذلك هو كلمة المادة فى العلوم الطبيعية فهى كل ما يشغل حيزا ماديا فى فراغ معينوان هـذا الحيـز يمكـن قياسة بمقياس معين هو البايت والكيلو بايت والميجابايت ، وقد يؤدى هذا القول ان هذه البيانـات تاخـذ شكل نبضات الكتونية تمثل الرقم صفر وواحد وهـى فى هـذا تشـبة التيـار الكهربـائى الـذى اعتـبرة الفقـة والقضاء فى فرنسا ومصر من قبيل الاشياء المادية ، فاذا كان جانب من الفقة الفرنسى اقام هـذه المسـئولية المدنية وفقا لنص المادة ١٣٢ من القانون المدنى الفرنسى وهو ما اخذت به محكمة النقض الفرنسـية فانـه بالاعتراف بالخطا تكون المحكمة قد اعترفت بوجـود هـذا الحـق عـلى المعلومـات وهـذا مـوداة ان يكـون للمعلومة طبيعة خاصة تسمح بان يكون الحق الوارد عليها من نوع الملكية العلمية التى قال بها الـبعض بالنسبة للافكار العلمية والتى لم تحظ بعد بالحماية التى يكفلها المشرع للملكية الذهنية

الحاجة للتدخل جنائيا لحماية هذا المال

ان القانون الجنائى لم يضع الا لحماية اموال معينة بيد ان هذا الراى غير سليم اذ انه يفضـح عـن جوهرة عن ان المصلحة " القيمة " وليس المال فقيمة المال فى القانون الجنائى والتى لم يسبغ عليها حمايتة لها مدلول اخر غير المدلول الاقتصادى الذى يعرفة القانون المدنى وهذا المـدلول نـابع مـن ذاتيـة القـانون الجنائى واستقلالية فهو المدلول القانونى تعنى القيمة المرتبطة بالشى بحيـث تجعـل صـاحبة حريصـا عـلى اقتنائة وعلاوة على ملكيتة له لاعتبارات مالية او غير مالية عاطفيـة قوميـة، روحيـة هنـا يعـترف القـانون بقينتها ويسبغ عليها الحماية القانونية بمعنى ان القانون الجنائى ينظر الى القيمـة نظـرة قانونيـة وليسـت نظرة اقتصادية وهى محل الحماية الجنائية .

الاموال من وجهة النظر التقليدية لاترد الا على اشياء مادية والتى كانـت الاكـثر عـددا فى المـاضى مقارنة بالاشياء المعنوية ولذلك كما يعرف المال فى صدد جرائم الاموال بانه كل شى مادى يصلح لان يكون محلا لحق من الحقوق المالية

بيد ان مستحدثات العصر وما صاحبة من تطور تكنولوجى اوجد طائفة من الاموال والتى نسميها بالاموال المعلومانية وهذه الاموال ذات طبيعة معنوية وتفوق قيمتها فى الوقت الحالى الاموال المادية وحدها .

والبحث عن معيار اخر غير طبيعة الشى الذى يرد علية الحق المالى حتى يمكن اسباغ صفة المال على الشى المعنوى وبالتالى يمكن حماية هذه النوعية الجديدة من الاموال فالحماية الجنائية ما زالت قاصرة مما دعى البعض الى القول بان خير وسيلة هى الحماية العقدية وفى فرنسا تم وضع قانون يستهدف حماية الحقوق الذهنية طالما كانت هذه الافعال لها صفة الابتكار ويعترف هذا المشرع للمؤلف بملكية هذا الحق وسمى هذا المشروع بمشروع حماية مالا تحمية قوانين الملكية الطبيعية ولكن هذا المشروع قوبل بالرفض من جانب الفقة التى ناشد المشرع بسحب هذا المشروع وان عليه ان يلتزم الصمت وعدم استحداث وسائل مشوهة والا نال نظام الملكية الفكرية كليه.

فاذا كان المشرع يتخير مجموعة من المصالح التى يراها جديرة بالاهتمام والرعاية حفاظا منه على مصالح الافراد وبقاء المجتمع ويرفعها الى مصاف القيم لذلك يتدخل جنائيا بحمايتها لعقوبات الخاص اذ هدفة حماية مصالح قانونية عجز او قصر فرع اخر من فروع القانون عن جمايتها .

ولذلك نرى من جانبنا ضرورة تدخل المشرع الجنائى لحماية هذه النوعية الجديدة من الاموال وهى الاموال المعلوماتية وفرض عقوبات فى حالة الاعتداء عليها مع ضرورة تحديد هذه الجرائم على سبيل الحصر اعمالا لمبدا الشرعية الجنائية .

السرقة فى قانون العقوبات التقليدى

المعلومات مال وبالتالى تتعرض لجرائم الاعتداء على الاموال ومنها السرقة فهل نصوص قانون العقوبات التقليدى تحمى هذا المال فى حالة سرقتة فاذا كانت طبيعة الجريمة تتطور وفقا للحقائق الجديدة التنكولوجية والاجتماعية لذلك تصبح المعلومات مهددة اما انواع التهديد المتباينة فيمكن ان تستهدف مباشرة انظمة المعلومات منها الداخلى (عمال وعمالة تحت التمرين) بسماعة عن طريق مكبر الصوت والاطلاع عليها والتقاطها عن طريق الشاشة او قرائنتها والاحتفاظ بها فى الذاكرة او سماعها وخارجى اثناء نقلها عبر شبكة الانترنت عن طريق نسخها او تصويرها او عن طريق احداث طرفية او غيرها فهذه الجريمة موضوعها هذا المال المعلوماتى .

والقصد الجنائى فى جريمة السرقة هو قيام العلم لدى الجانى وقت ارتكابة الجريمة بانة يختلس المنقول المملوك للغير وبدون رضاء مالكة بنية امتلاكة فالى جانب القصد العام لابد من توافر قصد خاص يتمثل فى النية الخاصة لدى المتهم وهى نيه تملك الشى المختلس هذه النية الخاصة هى التى اشار اليها القانون باشتراط حصول الاختلاس بنية الغش فالسرقة اعتداء على الملكية والحيازة معا والملكية هى المحل الاصلى للاعتداء اما بالحيازة فالاعتداء عليها هو من اجل استطاعة الاعتداء على الملكية ذلك ان السارق لم يكن يحوز المال من قبل فهو يتعدى على حيازة المجنى عليه.

الاختلاس فى السرقة

الاختلاس يعنى تغير موضع الشى باعتبارة الوسيلة لاخراجة من حيازة المجنى عليه وتحقيق الاعتداء الذى تفرضة السرقة ولا يتصور ذلك الا بالنسبة للمنقول فجوهر الاختلاس انه اعتداء على حيازة الغير فهو اغتيال لمال الغير دون رضاة .

والصلة بين الاختلاس والحيازة ان الاختلاس اعتداء على حيازة الغير بمعنى الاستلاء على الحيازة الكاملة للشى بعنصرية المادى والمعنوى بدون رضا مالكة او حائزة السابق.

والاختلاس يقوم على عنصرين الاول اخراج الشى من حيازتة وادخالة فى اخرى اى تبديل الحيازة والثانى عدم رضا المجنى عليه.

مدى امكانية خضوع سرقة المعلومات لقانون العقوبات التقليدى

ظهر اتجاهان مختلفان فى سرقة المعلومات الاول يرى عدم سريان احكام قانون العقوبات على سرقة المعلومات والثانى يرى امكان سريان احكام السرقة على حالة سرقة المعلومات.

- **الرأى الاول:** عدم سريان احكام قانون العقوبات على سرقة المعلومات.

ذهب هذا الراى الى عدم امكانية خضوع المعلومات فى حالة سرقتها واختلاسها للنصوص التقليدية لجريمة السرقةمستندا الى ان المعلومات شى غير ماجى وجريمة السرقة تنطبق على الاشياء المادية الحسية القابلة للانتقال واخذ حيازتة وان السرقة اعتداء على الملكية بينما المعلومات غير قابلة للتملك ولم يتضمن قانون العقوبات الفرنسى- سرقة المعلومات بالغش وكما قالت محكمة النقض الفرنسية فى ١٩٩٤/٣/٢٨ بان تقريب الحصول على خدمات عن بعد بواسطة الانترنت بسرقة التيار الكهربائى كان غير مناسب وانه لايمكن ان تستهدف سرقة بالمعنى الحقيقى حيث يكون فيه logeciel مرادفا لكلمة ابداع فكرى محمية بقوانين حماية حق المؤلف لذلك رفضت محكمة استئناف باريس الدائرة ١٣ فى ١٩٩٢/١١/٢٧ تكييف السرقة على واقعة معروضة امامها وقالت فى حيثيات حكمها ان النقل الذى ينصب فقط على المعطيات " المعلومات " مهما كانت قيمته الفكرية لا يمكن ان يدخل فى مجال تطبيق المادة ٣٧٩ عقوبات التى تشترط ان

ينصب الاختلاس التدليسى على شى مادى حسى وبخلاف ذلك ومن الواضح ان هذه العمليات الخاصة باخذ صور انها لم تؤد الى نقل حيازة المعطيات المعلوماتية لايمكن ان تشكل وحدها احتلاسا فالمعلومة لا ينطبق عليها وصف المال لذاتها فوصف المعلومة بالمال المعلوماتى يتعين فهمها عبى انها تعنى القابلية للاساغلال المالى لهذه المعلومة، وكذلك عدم توافر القصد الجنائى فى السرقة فالجانى لم يقصد حرمان صاحب المعلومة بصفة دائمة وانما يشاركة الانتفاع بها انه لا يجوز ان تكون المعلومة خاضعة لحماية اكبر فى الانترنت عنها فى الظروف العادية .

ويقرر الاستاذ stallaman ان نظم امن الحاسب تعوق تقدم صناعة المعلومات ولذلك فهو يعتبرها مرضا اكثر منها علاجا.

وجدير بالذكر ان قانون العقوبات فى انجلترا ومعظم قوانين الولايات المتحدة الامريكية واسكتلندا واستراليا لا يجرم اخذ المعلومات التى تخص الغير دون اذن صاحبها ولكنة يعاقب على سرقة الدعامات والوسائط المسجل عليها هذه المعلومات.

ويقرر شراح القانون فى النظام الانجلوامريكى ان (السراق) هو ذلك الشخص الذى ياخذ ويحمل بعيدا takes and carries away اى شى قابل للسرقة دون رضاء مالكة وبنية حرمان هذا المالك منه وبناء على ذلك فالشخص الذى تعد على المعلومات لاقباسها او نقلها دون اذن صاحبها لا يعد سارقا لانه لا يحرم مالك هذه المعلومة من الانتفاع بها.

- **الرأى الثانى:** سريان احكام السرقة على سرقة المعلومات

كانت البداية حينما بدا القضاء الفنرنسى يطبق احكام السرقة على سرقة التيار الكهربائى وهو شى غير مادى استنادا الى انه لا يشترط فى الشى المسروق ان يكون ذات طبيعة مادية فقد استقرت احكام النقض الفرنسية على انه " لايقتصر

وصف المال المنقول على ما كان جسما متحيزا قابلا للوزن طبقا لنظريا الطبيعة بل هو يتناول كل شى مقوم قابل للتملك والحيازة والنقل من مكان لاخر وهو ما استقرت عليه محكمة النقض المصرية وان كلمة شى الواردة فى المادة ٣٧٩ عقوبات فرنسى قديم تشتمل الاشياء الماديه وغير الماديه والمال في الماده ١/٣١١ عقوبات جديد فليس هناك ما يحول دون ان تنسحب كلمه شى علي كل مال او عنصر في الذمه الماليه يكون قابلا للاختلاس أي نقل الحيازه والتملك فتعيد الشي لاينبغي تفسير بعزله عن العنصر الاخر في السرقه وهو الاختلاس أي نقل الحيازه والتملك ,فنص الماده ٣٧٩ جاء مطلقا ودون وصف هذا المال ,لذلك وصفت الدائره الجنائيه بمحكمه النقض الفرنسيه نقل الوثائق بالتصوير بالسرقه ,وبطريقه اوضح اعتمدت محكمه جنح مونبليه مبدا سرقه المعلومات ,بادانه اجير مبرمج معلومات الذي يعمل في منشاه اعاد نسخ البرنامج الذي الفه,وكذلك قضت محكمه النقض في الدعوي التي عرفت مطبعه بوركان حيث قام عمال منشأه متهمون بانهم استولوا علي ديسكات المنشاه ومضمونها المعلوماتي، وايد هذه الاحكام اتجاها فقهيا راي ان لبرامج المعلومات ,كيانا ماديا ملموسا يتمثل في شخصيات الكترونيه او اشارات الكترونيه مغناطيسيه او ممغنطه، وان الشي المعلوماتي الغير مادي يكون قابلا للانتقال فاعمال النص تؤدي حتما الي ان اختلاس الشي المنقول المملوك للغير يعتبر سرقه وهو ما ينطبق علي المال المعلوماتي المعنوي، فالمعلومات تقبل الحيازه والتملك كما انها تقبل الانتقال فهي لا تنتقل الا بموافقه صاحبها وهذه الموافقه تكون بواسطه الرقم الكودي وكلمه السر اللذان يعدان بمثابه المفتاح الذي يحبسها او يطلقها وفق ارادته، فالمعلومات والبرامج من الناحيه المدنيه ملكا لمن ابتكرها ,لذلك يمكن اعتبارها محلا للملكيه وفقا للقانون الفرنسي الصادر في ٣ يوليو ١٩٨٥ وان فعل الاختلاس في السرقه لم يعد قاصرا علي تحريك الشي ونقله من مكانه، بل اصبح ممكنا دون تحريك الشي من مكانه وعدم نقله ماديا فقد وافقت محكمه النقض الفرنسيه علي تكييف السرقه في واقعه قام فيها عامل بالتصوير الضوئي لخطوط الشركه التي يعمل بها فالمعلومات لها قيمه اقتصاديه ,ومن شان اختلاسها حرمان صاحبها من استثمارها، اما بالنسبه للقصد الجنائي فقالت محكمه

النقض الفرنسيه في اثناء نظرها طعنا معروضا عليها من محكمه استئناف جرنيول دائره الجنح في ١٩٩٥/٢/١٥ عن واقعه سرقه ارتكبها عامل لديسكات المنشاه التي يعمل بها معلومات عن عملاء الموسسه جريمه السرقه يكفي فيها القصد الجنائي العام المتمثل في علم الفاعل ان الشي المسروق غير مملوك له وان تجريد الشي من قيمته يقوم به وفق الراي في الفقه المصري جريمه السرقه ويقصد بتجريد الشي من قيمته كلها او بعضها ثم رده الي صاحبه,فالنشاط المادي الصادر عن الجاني والمتمثل في اعاده الانتاج بايه وسيله فنيه للمعلومات ,علي غير اراده صاحبها او حائزها الشرعي يعد اختلاسا تقوم به جريمه السرقه اذا اكتملت باقي اركانها ,وبالنسبه للقصد الجنائي الاكتفاء باتجاه الجاني الي ظهور علي الشي بمظهر المالك ولو بصفه مؤقته لذلك ادانت محكمه crenoble دائره الجنح المستانفه في ١٩٩٥/٢/١٥ عامل اجير بتهمه السرقه كان قد اخرج من المؤسسه التي يعمل بها اوراق سريه للمؤسسه كان سوف يقوم بتصويرها ثم يعيدها للمؤسسه .

وكذلك ايدت محكمة النقض وصف السرقة لعامل قام بالتصوير الضوئى لمستندات الشركة لانه اختلس هذه المستندات .

وتوصلت المحكمة الى حل اكثر جراءة وتتلخص وقائع هذه القضية فى سرقة احد العاملين فى شركة Gulf Oil Company لبعض الخرائط الجيولوجيه التى تحدد مواقع اكتشاف البترول وقيامة ببيعها الى شركة lester المنافسة بدفع مبلغ معين بالاضافة الى عمولة تؤدى نظير اكتشاف اى بئر بترولى جديد بناء على هذه المعلومات الجيولوجية .

وعندما وجهت الى العامل تهمة السرقة فقال محامية ان القانون يتطلب لوجود هذه الجريمة ان يكون هناك نقل لضائع معين مملوك لشخص اخر ، ولما كان العامل لم يقم بنقل الخرائط الجيولوجيه ذاتها والمملوكة لشركة Gulf وانما قام بتصويرها ، فمن ثم لم يتحقق اى نقل للمستندات الاصلية المملوكة لشركة Gulf ،

وبالتالى ليس هناك استلاء على حق الملكية ولقد رفضت المحكمة هذا الدفاع وقالت ان الملكية تتمثل اصلا فى المعلومات السرية التى توضحها الحرائط ذلك لان المنافس لن يدفع ثمنا باهظا فى الاوراق ما الا لما تمثلة من قيمة معينة .

وحكمت محكمة ولاية تكساس بمعاقبة احد العاملين السابقين فى شركة Texas insruments automatic على جريمة سرقة بعض برامج الكميوتر وبيعها الى احدى الشركات المنافسة وفى معرض تسبيبها للحكم قالت المحكمة بانة يتعين رفض حجة المدعى من ان قانون ولاية تكساس يعاقب على جريمة سرقة الاشياء المملوكة اذا بلغت خمسين دولارا وان الجريمة لذلك لم تتوافر لان قيمة الشرائط التى سجلت عليها برامج الكميوتر لا تساوى اكثر من خمسة وثلاثين دولار فالقيمة الحقيقة للبضائع المسروقة لاتتمثل فى هذه الشرائط وانما فيما تحوية من معلومات وعليه اسست المحكمة حكمها على اساس ان سرقة برامج الكميوتر نفسها نفسها كمعلومات يعتبر استلاء على حق من حقوق الملكية بالمعنى الدقيق.

من الواضح انه لو امكن الدخول فى شركة الانترنت او التنزة فيها واخذ معلومات او نسخها او طبعها دون ترك اثر والخروج عقب ذلك فلا يمكن ان يترك هذا الفعل دون عقاب.

جرائم الإنترنت وتعددت صورها وأشكالها ولم تقتصر على اقتحام الشبكات وتخريبها أو سرقة معلومات منها فقط بل ظهرت أيضاً الجرائم الأخلاقية مثل الاختطاف والابتزاز والقتل وغيرها.

وفي ظل التطورات الهائلة لتكنولوجيا المعلومات، ونظراً للعدد الهائل من الأفراد والمؤسسات الذين يرتادون هذه الشبكة، فقد أصبح من السهل ارتكاب أبشع الجرائم بحق مرتاديها سواء كانوا أفراداً أم مؤسسات أم مجتمعات محافظة بأكملها.

وهو مادفع العديد من المنظمات والهيئات إلى إطلاق الدعوات والتحذيرات من خطورة هـذه الظاهرة التي تهدد كل مستخدمي الإنترنت حيث أصبحت أسـهل الوسـائل أمـام مرتكبي الجريمـة، فـراح المجرمون ينتهكون الأعراض، ويغررون بالأطفال، إضافةً إلى اقترافهم لجرائم التشهير وتشويه السـمعة عـبر مواقع إلكترونية مخصصة لهذا الهدف.

وفي أحدث تقرير حول هذا الموضوع كشفت دراسة بريطانية أن المملكة المتحدة وحدها تشهد جريمة إلكترونية جديدة كل عشر ثوان حيث شهدت البلاد ارتكاب أكثر من ثلاثة ملايين جريمـة إلكترونيـة خلال عام٢٠٠٩.

وتوصل التقرير إلى أن جرائم الإنترنت التي تتراوح بين الحصول عـلى معلومـات شخصية حول مستخدمي الإنترنت، والتحرش الجنسي بهم، وممارسة الاحتيال عبر شبكة المعلومات الدولية يتم ارتكابهـا في بريطانيا بمعدل جريمة واحدة كل عشر ثوان.

وأشار إلى أن زيادة عدد تلك الجرائم جاء نتيجة للفرص الذهبية التي يتيحها الإنترنـت مـن تسهيل لارتكاب الجرائم التقليدية من ناحية، ولمساعدته على ابتكار جرائم أخرى لا يمكن حدوثها إلا عـن طريق الإنترنت من ناحية أخرى.

وفي السياق نفسه، أكدت شركة جارليك المتخصصة في مجال التأمين الإلكتروني أن أكثر مـن سـتين في المائة من الجرائم الإلكترونية تستهدف الأفراد.

وأضافت الشركة أن عدد الجرائم الجنسية بلغ نحو ٨٥٠ ألف حالة، فيما بلغـت عمليـات سرقـة الهوية ٩٢ ألف حالة، بينما وصل عدد جرائم الاحتيال للحصول على الأموال نحو ٢٠٧ آلاف عمليـة، بزيادة ٣٠ في المائة عن ٢٠٠٨، في حين تمت نحو ١٤٥ ألف عملية اختراق للحاسبات عبر الإنترنت.

الشرطة في خدمة الإنترنت

وفي نفس السياق وللحد من الخطر القادم عبر الشبكات، تسارع الدول إلى وضع ضوابط وحماية وإنشاء أمن خاص للشبكات حيث شكلت وزارة الداخلية المصرية "دوريات أمنية" من خلال الشبكة، ومهامها منع الجريمة قبل وقوعها.

واستطاعت هذه الدوريات من ضبط تنظيم للشواذ يمارس جرائمه عبر الانترنت، وكذلك ضبط العديد ممن يحاول استخدام بطاقات ائتمان مسروقة.

الحكومة البريطانية أيضاً شكلت وحدة من قوات الشرطة وكلفت بمتابعة المجرمين الذين يستخدمون أجهزة الحاسوب وبعد اقتناع تام بالخطر القادم ومداولات استمرت أربع سنوات قامت ثلاثون دولة أوروبية بتوقيع معاهدة لتوحيد الجهود في محاربة جرائم الانترنت.

محاولات للحد من الجرائم الإلكترونية

كان آخر ما تم التوصل إليه ما ابتكرته شركة "ماكافي" المتخصصة في إنتاج برمجيات الحماية الإلكترونية من طريقة جديدة لمساعدة مستخدمي الحاسبات الإلكترونية على التعرف على أساليب الاحتيال التي يستخدمها مجرمو الإنترنت.

وتعتمد الطريقة الجديدة من الشركة على طريقة السؤال والجواب فقد طرحت ماكافي على موقعها على شبكة الإنترنت اختباراً يتكون من عشرة أسئلة يخضع إليها الزائرون ليحددوا بأنفسهم إذا كان بإمكانهم إعاقة محاولات سرقة معلومات شخصية عنهم مثل كلمات السر، وأرقام البطاقات الائتمانية، وذلك أثناء تصفحهم المواقع الإلكترونية ذات الشعبية الواسعة، والتي تضم مواقع التسوق، والشبكات الاجتماعية.

ويتضمن الاختبار ثمانية أسئلة تقدم من خلالهم الشركة نماذج لمواقع إلكترونية ورسائل إلكترونية، ويتعين على المتصفح تحديد بدوره ما إذا كانت حقيقية أم مزيفة، فيما يدور السؤالان الباقيان حول بعض المعلومات العامة حول أساليب الاحتيال عبر الإنترنت.

على جانب آخر، حذر" ريموند جينيس" مدير التقنية في شركة تريند مايكرو المتخصصة في تقديم الحلول على مستوى مراكز المعلومات من أن القرصنة على وشك إجراء نقلة نوعية تقنية كبرى هـي الأولى من نوعها في التاريخ.

وأضاف جينيس أن الفيروسات والتروجان وما يمكن إرساله عبر البريد الالكتروني أصبح شيئاً مـن الماضي، وأن الموجة الجديدة من القرصنة ستأتي مباشرة عبر مواقع الانترنت فيما يمكن ان يطلق عليه اسـم تهديد المواقعWeb Threats.

ويقدم جينيس شرحاً لهذه الفكرة قائلاً إن تهديد مواقع الانترنت هو إمكانيـة اسـتخدام المواقـع لتنفيذ برامج تدميرية عدائية على أجهزة الزائرين لهذه المواقع، فبدلا من إرسال هذه الـبرامج عـبر البريـد الالكتروني والتي تتطلب أن يقوم المستخدم بتنزيل هذه الـبرامج عـلى جهـازه وتنفيـذها فـإن البريـد ربمـا يحمل وصلة الى موقع فقط وبمجرد ضغط المستخدم على هذه الوصلة تنتقل الى الموقع الذي يقوم بباقي المهمة في عملية القرصنة.

وفى النهاية ينصح جيتيس المبرمجين ومستضيفي المواقع وشركات مكافحة الفيروسـات والشركات الأمنية بالاهتمام بأمن الشبكة ككل وليس البريد الالكتروني فقط بحيث يمكن صـنع نظـام فلـترة أو نظـام تصفية للكشف عن المواقع الموثوقة وغير الموثوقة وعلى المستوى الشخصي- فعـلى المسـتخدم عـدم زيـارة المواقع التي تصله عبر البريد الالكتروني.

الفصل الرابع	٤

هجمات المعلومات والبيانات

أمن المعلومات والإنترنت

أنواع الهجمات الإلكترونية

أمن المعلومات والإنترنت

الإنترنت سلاح ذو حدين، فهو مدخل للكثير من الأشياء النافعة، ولكن مع الأسف، فهو يفتح المجال أمام الكثير من الأشياء المؤذية، وثمة العديد من المسائل الأمنية الواجب الاعتناء بها للإبقاء على سلاسة تشغيل أجهزة الحاسوب والشبكات.

تعريف أمن المعلومة

يعني إبقاء معلوماتك تحت سيطرتك المباشرة والكاملة، أي بمعنى عدم إمكانية الوصول لها من قبل أي شخص آخر دون إذن منك، وان تكون على علم بالمخاطر المترتبة عن السماح لشخص ما بالوصول إلى معلوماتك الخاصة.

بالتأكيد لا ترغب أن يكون للآخرين مدخلاً لمعلوماتك الخاصة، ومن الواضح أن معظم الأشخاص يرغبون في الحفاظ على خصوصية معلوماتهم الحساسة مثل كلمات المرور ومعلومات البطاقة الائتمانية وعدم تمكن الآخرين من الوصول إليها، والكثير من الأشخاص لا يدركون بأن بعض المعلومات التي قد تبدو تافهة أو لا معنى لها بالنسبة لهم فإنها قد تعني الكثير لأناس آخرين وخصوصاً إذا ما تم تجميعها مع أجزاء أخرى من المعلومات. فعلى سبيل المثال، يمكن للشركة الراغبة في الحصول على معلومات شخصية عنك للأغراض التسويقية أن تشتري هذه المعلومات من شخص يقوم بتجميعها من خلال الوصول إلى جهاز حاسوبك بشكل غير شرعي.

ومن المهم كذلك أن تفهم أنك حتى ولو لم تقم بإعطاء معلوماتك لأي شخص عبر الإنترنت، فقد يتمكن بعض الأشخاص من الوصول إلى نظام الحاسوب لديك للحصول على المعلومات التي يحتاجونها دون علم أو إذن منك.

مواطن الضعف في شبكة الإنترنت

تعتبر شبكة الإنترنت عرضة للعيوب والضعف في دفاعاتها، وقد يكون هذا الضعف ناجما عن الأخطاء البرمجية والعيوب في تصميم النظام، ويعود سبب بعض نقاط الضعف إلى الإدخال الخاطئ للبيانات، حيث أن غالبا ما يسمح بتنفيذ الأوامر المباشرة أو عبارات لغة SQL وأحيانا يخفق المبرمج في التحقق من حجم البيانات المخزنة، حيث يؤدي ذلك إلى فيض من البيانات والذي يسبب فساد المكدس أو مناطق الشجرة الثنائية في الذاكرة.

وغالبا ما تتيح مواطن الضعف للمهاجم إمكانية التحايل على البرنامج بتجاوز فحص إمكانية الوصول أو تنفيذ الأوامر على النظام المضيف لهذا البرنامج.

هناك عدد من نقاط الضعف والتي يكون جهاز الحاسوب أو الشبكة بأكملها عرضة لها، ومن أكثرها شيوعا هي أخطاء تدقيق صحة إدخال البيانات مثل الأخطاء البرمجية الناجمة عن تنسيق الرموز النصية، والتعامل الخاطئ مع الرموز المتغيرة لغلاف البرنامج ولذلك يتم تفسير هذه الرموز، وإدخال عبارات SQL وتضمين النصوص البرمجية متعارضة-الموقع داخل تطبيقات الويب. ومن نقاط الضعف الشائعة أيضا تحطم المكدس وفيض البيانات في ذاكرة التخزين المؤقت بالإضافة إلى ملفات الروابط الرمزية(Symlinks) .

فحص مواطن الضعف

يمكن أن تكون هناك نقاط ضعف في جميع أنظمة التشغيل مثل الويندوز، ماكنتوش، لينوكس Open VMS، وغيرها، ويمكن فحص نقاط الضعف في الشبكة والخوادم من خلال إجراء اختبار خاص عليها يتم من خلاله فحص الخوادم

والصفحات الإلكترونية وجدران النار وغير ذلك لمعرفة مدى تعرضها لنقاط الضعف، ويمكن تحميل برامج فحص نقاط الضعف من الإنترنت.

المشاكل الأمنية

تحدث المشكلة الأمنية عندما يتم اختراق النظام لديك من خلال أحد المهاجمين أو المتسللين (الهاكر) أو الفيروسات أو نوع آخر من أنواع البرامج الخبيثة (سيتم تفصيلها وذكرها لاحقاً)، وأكثر الناس المستهدفين في الاختراقات الأمنية هم الأشخاص الذي يقومون بتصفح الإنترنت، حيث يتسبب الاختراق في مشاكل مزعجة مثل تبطئ حركة التصفح وانقطاعه على فترات منتظمة، ويمكن أن يتعذر الدخول إلى البيانات وفي أسوأ الأحوال يمكن اختراق المعلومات الشخصية للمستخدم.

وفي حالة وجود أخطاء برمجة أو إعدادات خاطئة في خادم الويب، فمن الجائز أن تسمح بدخول المستخدمين عن بعد غير المصرح لهم إلى الوثائق السرية المحتوية على معلومات شخصية أو الحصول على معلومات حول الجهاز المضيف للخادم مما يسمح بحدوث اختراق للنظام، كما يمكن لهؤلاء الأشخاص تنفيذ أوامر على جهاز الخادم المضيف مما يمكنهم تعديل النظام وإطلاق هجمات إغراقية مما يؤدي إلى تعطل الجهاز مؤقتاً، كما أن الهجمات الإغراقية (DoS) تستهدف إبطا او شل حركة مرور البيانات عبر الشبكة. كما أنه من خلال الهجمات الإغراقية الموزعة(DDoS) ، فإن المعتدي يقوم باستخدام عدد من الحواسيب التي سيطر عليها للهجوم على حاسوب أو حواسيب أخرى. ويتم تركيب البرنامج الرئيسي- للهجمات الإغراقية الموزعة (DDoS) في أحد أجهزة الحاسوب مستخدماً حساباً مسروقاً.

إن التجسس على بيانات الشبكة واعتراض المعلومات التي تنتقل بين الخادم والمستعرض يمكن أن يصبح أمراً ممكناً إذا تركت الشبكة أو الحوادم مفتوحة ونقاط ضعفها مكشوفة.

أنواع الهجمات الإلكترونية

الإختراق (الهاكر)

يعرف الهاكر بأنه الشخص الذي يقوم بإنشاء وتعديل البرمجيات والعتاد الحاسوبي، وقد أصبح هذا المصطلح ذا مغزى سلبي حيث صار يطلق على الشخص الذي يقوم باستغلال النظام من خلال الحصول على دخول غير مصرح به للأنظمة والقيام بعمليات غير مرغوب فيها وغير مشروعة، غير أن هذا المصطلح (هاكر) يمكن أن يطلق على الشخص الذي يستخدم مهاراته لتطوير برمجيات الحاسوب وإدارة أنظمة الحاسوب وما يتعلق بأمن الحاسوب، هنا وجدت الكثير من الشركات مثل مايكروسوفت ضرورة حماية أنظمتها ووجدت أن أفضل أسلوب هو تعيين هولاء الهاكرز بمرتبات عالية مهمتهم محاولة اختراق أنظمتها المختلفة وايجاد أماكن الضعف فيها واقتراح الوقاية اللازمة. في هذه الحالة بدأت صورة الهاكر في كسب الكثير من الايجابيات. إلا أن المسمى الأساسي واحد، وقد أصبحت كلمة هاكر تعرف **مبرمجا ذا قدرات خاصة** يستخدمها في الصواب كما يمكن استخدامها في الخطأ، ويمكن أن يقوم بالإختراق من أجل المتعة فقط حيث قام مجموعة من الشباب في مدينة الزرقاء الأردنية يترأسهم شخص يلقب بـ (Carlo Bucci) باختراق موقع (أوغرش) مما أدى الى فصل الإتصال بالإنترنت في المقهى المتواجدين فيه.

الخلاف حول تعريف الهاكر

ينظر كثيرون للهاكر على أنه شخص مدمر وسلبي، ويقرن البعض كلمة هاكر مع قرصان الحاسوب، وذلك بتأثير من بعض ما ورد في الإعلام، حيث يرجع السبب لقلة فهمهم حقيقة الهاكر، وخلطهم لها بكلمة القرصنة، التعبير الذي يصف البيع غير المشروع لنسخ من أعمال إبداعية، وهي مستخدمة في انتهاك حقوق الملكية الفكرية وحقوق النشر خصوصا بالنسبة للأفلام والمسلسلات التلفزيونية والأغاني وبرامج الحاسوب، والتي أصبحت الشبكة العنكبوتية إحدى وسائل تسويقها.

أصل الخلاف أطلقه بعض الأكاديميون لعدم فهمم لطبيعة الهاكر وأسلوب عمله بالرغم من أنه أساساً مطور مبدع، ولكنهم رأو دوره سلبيا ومفسدا، متناسين أن الانترنت يزدحم بمشاريع تم تطويرها من نشاط جماعي للهاكرز، من أمثلة تلك المشاريع :لينكس، ويكيبيديا، ومعظم المشاريع ذات المصدر المفتوح.

و(الكراكر) مصطلح أطلق فيما بعد للتمييز بين الهاكر الصالح والهاكر المفسد، وبالرغم من تميز الإثنين بالذكاء وروح التحدي وعدم خوفهم من مواجهة المجهول، إلا أن الكراكر يقوم دائما بأعمال التخريب والاقتحام لأسباب غير ايجابية، بينما الهاكر يبتكر الحلول للمشاكل ويحاول أن يبدع في عمله.

تصنيف الهاكر أخلاقيا

- الهاكر ذو القبعة البيضاء(White hat hacker) ، ويطلق على الهاكر المصلح.
- الهاكر ذو القبعة السوداء(Black hat hacker) ، يطلق على الهاكر المفسد.

- الهاكر ذو القبعة الرمادية(Grey hat hacker) ، المترنح بين الإصلاح والعبث.

أما اصطلاح القبعات فأصله مرتبط بتاريخ السينما وخصوصا أفلام رعاة البقر حيث كان الرجل الطيب يرتدي دائما قبعة بيضاء بينما يرتدي الرجل الشرير قبعة سوداء والرمادية لمن يقع دوره بين هاتين الحالتين.

❖ قرصان أبيض القبعة

القرصان الأبيض القبعة أو ما يُعرف أيضاً باسم القرصان الأخلاقي هو مصطلح يُطلق في عالم تقنية المعلومات على شخص تعارض قِيَمه انتهاك أنظمة الحواسيب الأخرى. يركز القرصان ذو القبعة البيضاء على حماية الأنظمة، على عكس القرصان ذو القبعة السوداء الذي يحاول اختراقها.

وبتعريف آخر، القرصان ذو القبعة البيضاء هو شخص مصرّح له باستخدام الوسائل الممنوعة لمعالجة أخطار أمن الحواسيب والشبكات.

❖ قرصان رمادي القبعة

القرصان رمادي القبعة هو مصطلح يُطلق في مجتمع أمن الحواسيب على القرصان الذي يقوم بأعمال قانونية أحياناً، أو بمساعدة أمنية كما يملي عليه ضميره أحياناً، أو باختراق مؤذ في أحيان أخرى. إنه باختصار عبارة عن مزيج من القرصان ذي القبعة البيضاء والقرصان أسود القبعة، لذا اختير له اللون الرمادي كلون وسط بين الأبيض والأسود. في العادة، لا يقوم هذا النوع من القراصنة بالاختراق لأغراض خبيثة أو لمصلحة شخصية، بل لزيادة خبرته في الاختراق واكتشاف الثغرات الأمنية.

❖ **قرصان أسود القبعة**

هو القرصان الخبيث المدمر المخرب الذي يصنف قانونياً وجنائياً (كما ذكر في الفصول السابقة) بالمحتال والمجرم، ولهذا القرصان أساليب كثيرة للإحتيال على الأجهزة المستهدفة، وأهدافه تكون بالأغلب مادية، كالسطو الإلكتروني على بنك أو مصرف ما، أو الهجوم على دائرة مصلحة الضرائب أو على مؤسسات الضمان الإجتماعي (الولايات المتحدة من أكثر المتضررين في هذا النوع حيث استهدف عشرات القراصنة مؤسسات الضمان والخدمة الإجتماعية)، ومعظم هؤلاء القراصنة وبشكل غريب يكونون ذو مؤهل علمي منخفض لكن قدرة عالية على إستعمال الحاسوب والأجهزة الإلكترونية.

دور الهاكر في تطوير الانترنت وتصميمه

ساهم قراصنة الحاسوب أو الهاكرز في تصميم بنية وتقنيات الإنترنت، وما زالوا يقومون بالكثير من الجهود لتحسين بنية الشبكات وتطوير التقنيات المستخدمة في التشبيك، من الممكن تفصيل بعض مهام قراصنة الحواسيب:

- الكشف على عيوب أمن المعلومات، وعرض الحلول لها وبذلك الحماية من المستخدم السلبي.
- القيام بإنجاز مشاريع مفتوحة المصدر، وعرضها مجاناً على الانترنت مثل نظام تشغيل لينكس.
- القيام بتعديل السكريبتات الموجودة على مواقع الشبكات وتطويرها.
- تقديم استشارات أمنية لكبرى الشركات مثل مايكروسوفت.
- مساعدة السلطات الأمنية للدول في السيطرة على إساءة استغلال التقنية.

أساليب الكراكر الهجومية

⟸ هجمات الحرمان من الخدمات(DoS) : عملية خنق السيرفر وذلك باغراقه بالمواد والبيانات إلى
ان يصبح بطيئاً أو حتى يتعطل وينفصل من مرور الشبكة كلياً.

⟸ تجاوز سعة المخزن المؤقت: يتم الهجوم عن طريق إغراق ذاكرة الخادم فيصاب بالشلل.

⟸ الثغرات الأمنية (Exploits) : بعد أن يتعرف الهاكر على البرامج التي تدير السيرفر المستهدف
يبحث عن ثغرات في تلك البرامج ليستغلها.

⟸ أحصنة طروادة (Trojan horse) : يستقبل الجهاز المستهدف برنامج متنكر يفتح من خلاله
ثغرة أمنية خفية ليتسلل من خلالها المهاجم (وسيتم الحديث عنها بالتفصيل لاحقاً).

أساليب جمع المعلومات

<u>التنصت:</u> استشعار وأخذ البيانات من الشبكة عن طريق مايسمى ببرامج الشم التي تسجل كل
ما يدور بين الحواسيب

<u>الهندسة الاجتماعية:</u> أسلوب انتحال شخصية تخدم الهاكر للحصول على معلومات مطلوبة
للاقتحام حيث يتم اقناع الشخص المراد أخذ المعلومات منه أن الهاكر صديق أو ماشابه، أو أحد الأفراد
الذين يحق لهم الحصول على المعلومات، لدفعه إلى كشف المعلومات التي لديه والتي يحتاجها الهاكر.

<u>تقصي الشبكات اللاسلكية:</u> عملية البحث مكانيا على وجود شبكات لاسلكية وعادة يتجول الهاكر
بالسيارة بين المناطق باحثا عن شبكات الواي فاي أو الهوت

سبوت حيث يتم استغلال وجود بيانات مشتركه بين المستخدمين لهذه الشبكات وثغرات في الاجهزه الموصوله بالشبكه تمكن الهاكر من اختراقها.

"يكون الهاكر غالبا من المبرمجين أو مهندسين الشبكات أو من الافراد الملمين جدا بالتكنولوجيا والقيام بالقرصنه عن طريق استخدام اجهزه معينه هو في حالات قليله اما امكانيه القرصنه الحقيقيه فتكون من مهاره الهاكر وذكائه الخارق بحيث يكشف الثغرات في مواقع الانترنت والبرامج و ليس من الدائم ان يكون هدف الهاكر هو التخريب ففي اغلب الأحيان يكون الهدف هو اثبات القوه والقدره علي هزم دفاعات الموقع مما يعني ان الهاكر استطاع هزيمه مصممين ومطورين الموقع.

أساليب الهكر

هجمات الحرمان من الخدمات

أكدت العديد من التقارير تزايد عدد الهجمات من خلال الإنترنت وازدياد شدتها وتأثيرها التدميري عامًا بعد الآخر وتأثيرها على مبيعات المواقع والخدمات عبر الشبكة، ويرجع ذلك إلى عده اسباب من اخطرها ما يعرف بـ" هجمات الحرمان من الخدمات" أو "هجمات حجب الخدمة Denial " (DoS) (of Service Attacks.

ملاحظة (DoS) هنا لا نقصد بها نظام التشغيل المشهور ولكنها اختصار للعبارة Denial-of-Service وهي تعني حجب أو منع الخدمة.

وتعرف أيضاً بأنها هجمات تتم عن طريق إغراق المواقع بسيل من البيانات غير اللازمة يتم إرسالها عن طريق أجهزة مصابة ببرامج في هذه الحالة تسمىDDOS Attacks تعمل نشرـ هذ الهجمات بحيث يتحكم فيها القراصنة والعابثين الإلكترونيين لمهاجمة الشابكة (الإنترنت)عن بعد بإرسال تلك البيانات إلى

المواقع بشكل كثيف مما يسبب بطء الخدمات أو زحامًا مروريًا بهذه المواقع ويسبب صعوبة وصول المستخدمين لها نظرا لهذا الزحام، خصوصا وأنه يبدو، وباعتراف الكثير من خبراء الأمن على الشابكة، وكأنه لا يوجد علاج في الوقت الحالي لهذا الأسلوب في الهجوم على مواقع الشابكة (الإنترنت)، وعلى هذا الأساس فإن هذا النوع من الهجمات يُدعى في بعض الأوساط " بإيدز الإنترنت"، ويتم هذا الهجوم بدون كسر ملفات كلمات السر أو سرقة البيانات السرية، هجمات حجب الخدمة تتم ببساطه بان يقوم المهاجم بإطلاق أحد البرامج التي تزحم المرور للموقع الخاص بك وبالتالي تمنع أي مستخدم آخر من الوصول إليه. وبشكل عام تتواجد مثل هذه الهجمات منذ أعوام إلا أن قوتها الآن أصبحت أكبر من أي فترة مضت، كما أنها وصلت إلى مرحلة من النضج بحيث تستهدف أهدافًا محددة ومقصودة لأغراض تجارية. هذا وتذكر شركة سمانتك المتخصصة في الأمن الإلكتروني أن متوسط عدد هجمات الحرمان من الخدمة وصل إلى ٩٢٧ هجمة في النصف الأول من عام ٢٠٠٤ بزيادة قدرها ٦٧٩% عنها في النصف الثاني من عام٢٠٠٤ .

هجمات الحرمان من الخدمات كأسلوب ليست حديثة، ولكن الشبكة جعلتها فتاكة، ومبدأ هذا الأسلوب بسيط ويتلخص في أن المهاجم يقوم بإغراق الأجهزة المزودة بسيل من الطلبات والأوامر التي تفوق قدرة الجهاز المزود على المعالجة، ومن الأمثلة الظريفة والبسيطة على هذا الأسلوب هو مواصلة الضغط على زر الإدخال ENTER على مطراف (Terminal) لم تقم بعد بتسجيل الدخول إلى الشبكة Log Inولكنها مرتبطة بنوع معين من الأجهزة الإيوانية أو محطات العمل، والسبب في أن هذا الأسلوب يمكن أن يُصنف ضمن أساليب هجمات الحرمان من الخدمات هو أن زر الإدخال يقوم في معظم الأحيان ببدء روتين للتعرف على الأداة ضمن نظام التشغيل، وهو روتين ذو أولوية تنفيذ عالية عادة. وبمواصلة الضغط على هذا الزر يتولد طلب مرتفع على عملية المعالجة اللازمة للتعرف على الأداة (لوحة المفاتيح في هذه الحال)، مما يؤدي إلى استهلاك ١٠٠% من طاقة المعالج وجعله غير قادر على تلقي طلبات معالجة إضافية. ويؤدي ذلك

إلى إحداث شلل في نظام التشغيل والـذي لا يمتلـك عـادة الـذكاء ليميـز بـين طلبـات الـدخول الشرعية، وطلبات الدخول المؤذية. وفي هذه الحالة لا توجـد ميكانيكيـة يمكـن بهـا الاستجابة لهـذا الهجـوم، ومـن الأساليب الأخرى لهذا النوع من الهجوم هو استهداف الموارد الثابتة الأخرى في البنية التحتية، ومن الأمثلة على ذلك هجمات الإغراق SYN فضمن جلسات الشبكة (الإنترنت)الاعتيادية تتم عملية أشبه بالمصافحة بين النظم، حيث يقوم أحد النظم بإصدار طلب للارتبـاط بنظـام آخـر باسـتخدام حزمـة SYN المزامنـة ، ويقوم النظام المضيف في هذه الحالة بإصدار حزمةSYN-ACK ، والتي يستجيب فيها للطلب الوارد مـن عنوان IP معين، ويقوم بتسجيل هذا العنوان في جدول معين، وتحديد فـترة معينـة لقطـع الاتصـال إذا لم تحدث الاستجابة لهذه الحزمة، والتي يجب أن تكون على شكل حزمـة ACK يصـدرها النظـام الأول، وفي هجمات الإغراق، يقوم المهاجم بإرسال أكبر كمية ممكنة مـن حـزم SYN باسـتخدام عنـاوين IP مزيفـة، ويقوم النظام المضيف بتسجيل ردود حزم SYN-ACK في الجدول، والتي تبقى هناك لأن المهاجم لا يقوم بإرسال حزم ACK المطلوبة، مما يؤدي إلى امتلاء الجدول بالطلبات وعدم قدرته عـلى تلقـي أيـة طلبـات اتصال جديدة. ورغم الأذى الذي قد يلحقه هذا النوع من الهجمات فإن العلاج يكمن في خطـوتين؛ الأولى هي زيادة حجم الجدول الذي يتلقى طلبات الاتصال، والثانية-وهي خطوة ملازمـة لـلأولى-التقليـل مـن الوقت المطلوب للاستجابة لطلبات الاتصال وذلك لحذف المدخلات غير المستخدمة بشكل أسرع. وهنالـك نوع آخر من هجمات الحرمان من الخدمات، حيث يستخدم المهاجم برنامجا يقـوم بتجربـة الـدخول إلى حسابات المستخدمين ضمن خدمة معينة من خلال تجربة كافة أسماء المستخدمين، واستعمال كلمات سر خاطئة، عمدا، وعند استخدام هذه البرمجيات فإن بعض المـزودات، إذا لم يكـن هنالـك تـأخير معـين بـين محاولات الدخول، تقوم بمنع المستخدمين الشرعيين من النفاذ إلى النظام. وهنالك أيضا أسـلوب آخـر مـن الهجمات يدعى "الحزم الدامعة "Teardrop حيث يرسل المهاجم حزما مشوهة بحيـث يـؤدي إلى انهيـار عمليات معالجة عناوين IP على الجهاز المزود. وبالمثل، فهنالك أسلوب إغراق عمليـة المعالجـة نفسـها في نظام

التشغيل من خلال إرسال أوامر معالجة أو إدخال طويلة (أكثر طولا مما يسمح به نظام التشغيل أو التطبيقBuffer Overflow) لا تقوم عمليات معالجة المدخلات ضمن نظام التشغيل بصدّها (وهي الثغرة التي استغلها واضعو فيروس الشيفرة الحمراء Code Red في مخدمات مايكروسوفت ونظم تشغيلها) مما يؤدي إلى انهيار النظام.

أنواع (طرق) هجمات الحرمان من الخدمة

هجمات Ping Of Death وTeardrop

هناك ثلاثة أنواع من هجمات حجب الخدمة (denial-of-service attack) :

- الهجمات التي تستغل خطأ برمجي Bug في بناءTCP/IP
- الهجمات التي تستغل تقصير في مواصفاتTCP/IP
- الهجمات التي تعيق المرور في شبكتك حتى لا تستطيع أي بيانات ان تصل اليها أو تغادرها.

و الهجمتان المميتتان المشهوران بينج الموت Ping Of Death والهجمه الدمعةTeardrop ، يصنفان مع النوع الأول، فهجمه Ping Of Death تستخدم أي برنامج Ping لتخلق حزمه IP تتعدى الحد الأقصي (٦٥٥٣٦ بايت) من البانات المسموح بها لحزمةIP و تلك الحزمة بإرسالها إلى اي نظام من الممكن لهذا النظام ان ينهار أو يتوقف عن العمل أو يعيد التشغيل من تلقاء نفسه. وتلك الهجمة ليست بجديده وكل منتجي أنظمة التشغيل قاموا بعلاجها. أما عن الهجمه Teardropفهي تستغل ضعف في إعادة تجميع اجزاء حزمة ال.IP خلال رحلتها في (الأنترنت) ، تقسم حزمة ال IP إلى اجزاء اصغر، و كل جزء يبدوا مثل الحزمه

الأصلية ما عدا أنه يحتوي على حقل يقول -كمثال- "هـذا الجـزء يحمـل البايتـات مـن ٦٠٠ إلى ٨٠٠ مـن الحزمة الأصلية غير المجزئه".

هجمة Teardrop تخلق حزمة IP مجزئة ولكنها متداخلة Overlapped في محتويات حقل تعريف هذا الجزء، وعندما يتم تجميع تلك الحزمه من جديد بعض الأنظمة قد تنهار وبعضها يتوقف عن العمل وبعضها قد يعيد تشغيلة من تلقاء نفسه.

هجماتSYN

الضعف في مواصفات الـ TCP/IP تجعله عرضة لهجمات SYN التي تنفذ أثناء المصافحة الثلاثية (Three way handshake) والتي تتم بين تطبيقين لبدء الإتصال بينهما، في الظروف العادية التطبيق الذي يبدأ الإتصال، المرسل يرسل حزمة TCP-SYN إلى التطبيق المستقبل، والمستقبل يرد بإرسال حزمة TCP-SYN-ACK بعلم وصول الحزمة الأولى وعندئذ يرسل التطبيق (المرسل) حزمة ACK بعلم الوصول وعندئذ يبدأ التطبيقان في تبادل البيانات فيما بينهما.

و لكن هجمة SYN flood تغرق الهدف بسلسلة من حزمTCP-SYN كل حزمة تؤدي بالهدف إلى تجهيز استجابةSYN-ACK وبينما الهدف ينتظر المصافحة الثالثة ACK ، يقوم بوضع كل حزم SYN-ACK المنتظرة دورها في الإرسال في طابور queue يسمى طابور المتراكماتbacklog queue ، و هذا الطابور له سعة محددة والتي هي غالبا صغيرة إلى حد ما، و بمجرد أن يمتلئ هذا الطابور، سيتجاهل النظام كل طلبات SYN الواردة SYN-ACK تغادر الطابور فقط عندما يتم الرد بـ ACK أو ينهي العداد الداخلي (والذي يجهز للعد لفترة طويلة نسبيا. و هجمة SYN تخلق كل حزمة SYN بعنوان IP مزيف للمرسل، و كل الإستجابات من الهدف ترسل إلى ذلك العنوان المزيف والذي يكون إما غير موجود في الأساس أو لنظام لا يعمل حاليا وبالتالي فان حزمة ACK التي تلي

حزمة SYN-ACK لن تصل إلى الهدف ابدا.و هذا يؤدي إلى امتلاء طابور المتراكمات على الدوام فيجعل من المستحيل تقريبا على أي مستخدم الوصول إلى هذا النظام،منتجي حوائط النيران Firewalls مثل Checkpointو Cisco و Raptor قاموا بإضافة ميزات في منتجاتهم لتزودك بدورع ضد هجماتSYN و بالإضافة إلى ذلك يجب على حائط النيران الخاص بك التأكد من أن الحزم الصادرة من شبكتك تحتوي على عنوان IP مصدره سليم، والذي هو أحد عناوين شبكتك الداخلية، وبالتالي لن يتم تزيف عنوان IP المصدر من داخل شبكتك.

هجمة إغراقUDP

أغراق UDP أو User Datagram Protocol flood أيضا تتم بربط نظامين ببعض بالخداع Spoofing،هجمة إغراق UDP تتم بالسيطرة على خدمةcharger لأحد النظامين، و تلك الخدمة لأغراض اختبارية تقوم بتوليد سلسلة من الحروف Characters لكل حزمة تستقبلها، مع خدمة الصدى UDP echoللنظام الاخر، والتي تردد كالصدى كل حرف تستقبله كمحاولة لاختيار برامج الشبكه، و نتيجة لهذا الربط يتم تبادل سيل لا يتوقف من البيانات العقيمة بين النظامين،و لكي تمنع هجمة إغراق UDP، يمكنك اما ان توقف عمل كل خدمات UDP لكل جهاز على شبكتك ،أو من الأسهل أن تعد حائط النيران Firewall الخاص بك لتنقية كل طلباتUDP ، وبما أن UDP صمم لعمل التشخيصات الداخلية، يمكنك غالبا الاستمرار بتجاهل طلبات UDP من مجتمع الإنترنت.و لكنك لو حجبت كل خدمات UDP ،ستصد بالتالي بعض التطبيقات الجيدة والمعتمده على UDP مثلRealAudio .

الهجمات الموزعة

ومع ظهور (الإنترنت)، أصبحت هجمات الحرمان من الخدمات أكثر إثارة بالنسبة للهكرة، حيث أصبح بالإمكان استغلال أكثر من جهاز على الشبكة بشكل

شرعي أو غير شرعي للهجوم على موقع معين أو مزوّد معين، باستخدام ما أصبح يدعى بهجوم السنافر Smurf Attack (نسبة للمسلسل الكرتوني الشهير) وفي هذا النوع من الهجمات، يقوم المعتدون باستغلال ميزة خطيرة في الشبكات التي تعتمد بروتوكول-IP وهي عنوان البثbroadcast address ؛ ففي الأحوال الاعتيادية يتم إرسال طلب إلى الشبكة (مثلا باستخدام أمرping) من خلال عنوان البث، مما يؤدي إلى إعادة إنتاج وإرسال هذا الطلب إلى كل عنوان IP على تلك الشبكة، وعندئذ يمكن لجميع النظم الموجودة على الشبكة أن تقوم بإرسال المعلومات المناسبة إلى مصدر أمر .ping وفي حالة هجمات السنافر يحدث الحرمان من الخدمات باستخدام عناوين رأسية IP مزيفة وجعلها تقوم بإرسال أمر ping إلى عنوان البث لشبكة كبيرة، ومن ثم إعادة توجيه الإجابات إلى نظام ثالث، وهو نظام الضحية. وفي هذه الحالة يتعرض الضحية بسهولة إلى الإغراق من قبل بيانات مزيفة تعترض سبيل بياناته الحقيقية. وفي عالم إنترنت اليوم تحدث هجمات الحرمان من الخدمات باستخدام أدوات وأساليب أكثر قدرة على التدمير من الأساليب القديمة، حيث يقوم الهكرة باستخدام أدوات تقوم بفحص النظم غير المحمية، ومن ثم تثبيت برامج (تُدعى بالزومبي-أو الأموات الأحياء، إشارة إلى جهل المستخدم بأنه قد تم اختراق نظامه)، وهذه الزومبي تقوم بالإنصات إلى أوامر معينة ومُشفرة من برامج رئيسة MASTER يسيطر عليها الهكرة الذين يخططون لبدء الهجوم. وفي مرحلة معينة يقوم البرنامج الرئيس بإرسال الأوامر إلى الزومبي، والتي تتكون من عنوان IP الذي سيتم الهجوم عليه، وتحديد أسلوب الهجوم الذي يجب أن يتم استخدامه، وبما أن البرنامج الرئيس يمكنه أن يسيطر بسهولة على مئات أو ألوف الزومبي، فإن النظام المستهدف لا يجدا مخرجا من الركوع في النهاية، حيث أن مثل هذه الهجمات يمكن لها بسهولة أن تستنزف كافة المصادر المتاحة للأجهزة المزودة التي تتعرض للهجمات. ومن أدوات هجمات الحرمان المستخدمة اليوم هناك trin٠٠، وtfn ، وبرنامج Stacheldart ، وTFN٢K ، وShaft ، وTrinity ، والكثير غيرها.

كيفية عمل هجوم حجب الخدمة الموزعة

تعتبر هجمات حجب الخدمة الموزعة DDoS ، نوعاً جديداً من هجمات حجب الخدمة العادية التي تعتمد على استخدام برامج معينة في الهجوم، وهذا النوع من الهجمات، هو الذي استخدم في الهجوم على كبرى مواقع إنترنت، مثل !ZDNet Yahoo، eBay، Amazon، CNN، وغيرها، وتعتمد هذه الهجمات على تجنيد أجهزة حاسوب متصلة بإنترنت، بدون علم مالكيها، وتوجيهها إلى بث الرزم الشبكية إلى مزود معين، بهدف إيقافه عن العمل، نتيجة ضغط البيانات المستقبلة، ويعتمد هذا النوع من الهجمات على وضع برنامج خبيث خاص، من نوع "حصان طروادة (Trojan horse) " ، في كل حاسوب متصل بالشبكة يمكن الوصول إليه، عن طريق إرسال البرنامج بواسطة البريد الإلكتروني، مثلاً، وتفعيله على هذه الأجهزة، لتعمل كأجهزة بث للرزم الشبكية، عند تلقيها الأمر بذلك من برنامج محدد يقبع على جهاز أحد المخترقين. ومن أشهر البرامج المستخدمة في إجراء هذه الهجمات & TRINOO stacheldraht. : Tribe FloodNet & TFN٢K، يعتبر هذا النوع من هجمات حجب الخدمة، أكثر الأنواع خطورة، حيث يمكن أن يشكل خطراً على الشابكة (الإنترنت) كلها، وليس على بعض المواقع فقط، حيث أن كل موقع من المواقع التي أصيبت في شهر فبراير" الشهر الأسود "، بهذا النوع من هجمات حجب الخدمة، هي مواقع تحجز جزءاً كبيراً من حزمة البيانات في الشبكة، ما قد يهدد الشبكة بالكامل، وإن حدث ذلك يوماً، فنتوقع أن يشهد العالم أزمة اقتصادية شاملة!.

ويتفق الخبراء اليوم على أنه لا سبيل لعلاج الهجمات الموزعة أو تفاديها، ورغم أن البعض يقترحون استخدام أساليب التحقق من الهوية والتشفير لمعالجة حزم المعلومات المتناقلة، فإنهم يتفقون أيضا على أن هذه الطرق غير عملية لمعالجة المشكلة على إنترنت، وهنالك اقتراحات أخرى بتضمين المعالجات إرشادات يمكنها تمييز هجمات الحرمان من الخدمات وفلترتها قبل أن تؤثر على

نظام التشغيل، وهو حل تعمل على تطويره العديد من الشركات المنتجة لبرمجيات مكافحة هجمات الحرمان من الخدمات اليوم.

حقائق حول هجمات حجب الخدمة

ومع ان هجمات حجب الخدمة تبدو بسيطة وتافهه أحيانا بنظر المبتدئين ممن يديرون خوادمهم الخاصة ولكن يبقى هذا الهجوم من اخطر اعمال الهكرز، فالاختراق يوقف الموقع بتغيير الواجهة الرئيسية مثلا، ويوقف الخادوم بعمل فورمات أو حتى الجهاز الشخصي وتتم اعادة نسخة احتياطية محفوظة وبسرعة، بينما هجوم حجب الخدمة قد يوقف عمل الخادوم (Servers) لفترات طويلة وقد تقطع مصالح واعمال وقد تعرضت مواقع كبيرة لشبح هذا الهجوم الفتاك وهذا الهجوم لا يقف عند حد معين أو يستهدف منفذا معينا أو خدمة معينة، لكن لك خدمة هجوم وحتى تكرار تصفح الموقع بعمل تحديث أو الدخول عليه أكثر من مرة من آلاف الأجهزة هجون على المنفذ ٨٠ أو محاولة الاتصال بمئات المستخدمين على منفذ ftp وكلما طال الهجوم وكثر الطلب على الخدمة زاد الخطر وقد تدمر عتاد الحاسوب بالضغط واستهلاك موارد النظام، والحماية الفعلية لا تكمن في الجدار الناري لان الجدار الناري ربما يزيد في خطورة إذا كان مبرمج على طريقة عرض رسالة أو إرسال رسالة عند تلقي هجوم فيزيد من الضغط على موارد النظام الفعليةCPU ، يجب على مدير الشبكة أو الخادوم مراقبة البيانات واغلاق الخدمة التي تتعرض للهجوم مؤقتا حتى تجد حلا لها ويكون بتغيير ايبي مؤقتا لكي لا ينقطع عملك، هذا جزء من الاجزامة لهذا الهجوم الجبار، ولحسن الحظ القليل يعرف كيفية استثماره وللاسف جهل الكثيرين بطريقة الوقاية منه ووقوع الكثير من مدراء الخواديم تحت هجمات بسيطة ولكن لم يستطيعوا حلها وادت لمشاكل أكبر.

أشهر المخترقين في العالم....(كيفين ميتنيك)

ولد في ٦ أغسطس ١٩٦٣ وهو أحد أشهر مخترقي الأنظمة الذين تم سجنهم، تم اعتقاله من قبل مكتب التحقيقات الفدرالي الأمريكي FBI في ١٥ فبراير ١٩٩٥، تم تجريمه بالتلاعب الإلكتروني وإختراق أنظمة الحاسوب لدى كل من فوجيتسو وموتورولا ونوكيا وصن مايكروسيستمز، قضى ميتنيك خمسة سنوات في السجن (اربعة منها قبل المحاكمة)، ٨ أشهر منها في الحبس الإنفرادي، وتم إطلاق سراحه في ٢١ يناير ٢٠٠٠، وخلال فترة مراقبته بعد إطلاق سراحه، والتي إنتهت في ٢١ يناير ٢٠٠٣، منع من استخدام أي شكل من تكنولوجيا الإتصالات، بإستثناء الهاتف الأرضي، مع بعض الإستثنائات.

بلغ كيفين سن المراهقة في نهاية سبعينيات القرن العشرين ووالداه مطلقان.. بدأ في ذلك الوقت -شأنه شأن كل النوابغ- متوحدا، غير محب للمغامرة، ولا ينبئ مستواه الدراسي دون المتوسط عن نابغة في دنيا اختراق شبكات الحاسوب والاتصالات.

وفي أوائل الثمانينيات من نفس القرن، تخطت صناعة الحاسوب حدود الآمال، وهي نفس الفترة التي ازدهرت فيها ثقافة التنصت على المكالمات التليفونية، والحصول عليها مجانا عن طريق الحاسوب ومودمmodem ، وامتدت لأكثر من عقد من الزمان وعرفت باسم"Phreaking" .

لاح إغراء التنصت لكيفين فاستجاب له، وسرعان ما وجد نفسه في هذا المناخ، ومكنه من اقتحام عوالم الآخرين، وفتح له نافذة للاطلاع على أسرار ذوي الغنى والنفوذ؛ ما عوض لديه الكثير من مركب الإحساس بالضعف وهوان الشأن، إضافة إلى كشف عورات كل من يعتبره عدوا له.

ولما كانت الطيور على أشكالها تقع، تعرف كيفين على مجموعة من الشباب لهم نفس الاهتمام، وكونوا عصبة عابثة من الشباب لا هم لهم إلا الاستزادة من متعة اختراق شبكات الهاتف.

بدأ الأمر مع تلك "الشلة" بمزاح ثقيل من قبيل السيطرة على خدمة دليل التليفون، فإذا حاول البعض الاستفسار عن رقم هاتف ما ردوا عليه بإجابات غريبة؛ مثل: الرقم المطلوب هو **"ثمانية، ستة، ثلاثة،... تسعة، ونصف! هل تعلم كيف تطلب الرقم نصف!"**، أو العبث بخدمة الاستعلام عن فاتورة مكالمات الهاتف بالرد على كل مستعلم عنها برسالة صوتية تطلب منه سداد عشرين سنتا، وإلا قُطع عنه الخط، حتى ذلك الوقت كان كل ما قامت به الشلة لا يتعدى المزاح، وإن كان بإزعاج الآخرين قليلا، لكن الإزعاج ما لبث أن انقلب إلى أذى، حيث قام أحد أفراد الشلة بتدمير ملفات إحدى شركات الحاسوب في سان فرانسيسكو، ولم تتمكن الشرطة من معرفة الفاعل، لأكثر من عام.

في يوم عطلة من عام ١٩٨١ تسلل كيفين واثنان من أصدقائه، إلى المركز الرئيسي لشركة الهاتف في مدينة لوس أنجلوس، ووصلوا إلى الغرفة التي تحتوي على الحاسوب الذي يدير عمليات الاتصال، وأخذوا كتب التشغيل الخاصة به، وقوائم وسجلات تتضمن مفاتيح السر لإقفال الأبواب في تسعة مراكز أساسية تابعة لشركة الهاتف في المدينة.

وعندما حققت الشرطة المحلية في الأمر لم تتمكن من كشف الفاعل.. لكن بعد سنة نهشت الغيرة قلب صديقة لأحد أعضاء الشلة، فوشت بهم للشرطة التي سارعت لاعتقال الفتيان الثلاثة، ومن حسن حظ كيفين الذي كان يبلغ عمره آنذاك ١٧ ونصف العام أن حُكم عليه بقضاء ٣ أشهر في سجن الأحداث بتهمة العبث بالممتلكات للحكومة، وتدمير بيانات عبر شبكة حاسوب، كما قضت المحكمة بوضعه بعد ذلك سنة تحت المراقبة في لوس أنجلوس.

هذب السجن الفتيان الآخرين، لكنه ما أصلح ميتنيك الذي لم يرتدع بالرغم من تجريسه بكتابة عبارة A HACKER على لوحة سيارته، وزاد إصراره على نفس السلوك، وراح ينمي مهاراته، ويتعلم الحيل التي تساعده على ممارسة هوايته باختراق شبكات الحاسوب، وراح يخرق القانون ويصطدم بالشرطة مرة بعد أخرى، فاعتقل ثانية عام ١٩٨٣ من قبل شرطة جامعة شمال كاليفورنيا، بعد ضبطه يحاول استخدام حاسوب بالجامعة لاختراق شبكة ARPA net للوصول من خلالها إلى البنتاجون، وحكمت المحكمة عليه بستة شهور تدريب في إصلاحية للأحداث في كاليفورنيا.. ولم تفلح الشهور الست في إصلاحه، فلم تمر سنوات قليلة – نزل خلالها تحت الأرض - حتى اعتقل مرة أخرى، بتهمة العبث بحاسوب حسابات مؤسسة TWR المتخصصة في الصناعات الحربية، والمثير أنه بقي رهن الاعتقال لمدة سنة كاملة بدون محاكمة، والأكثر إثارة مسألة اختفاء ملفه من مركز الشرطة، بدون أي تفسير! زادت تلك الأحداث من شعور كيفين بقدرته الفائقة، فلم يعد يستطيع الخلاص من هذا الشعور الذي يملأ نفسه بالقوة والعظمة، وحل عام ١٩٨٨ وقد استحوذت عليه فكرة الحصول على نسخة من نظام تشغيل "VMS"لجهاز الميني حاسوب الذي تنتجه شركة Digital ، وذلك من خلال اختراق شبكة "Easy Net " الخاصة بها.

ظل كيفين يذهب مساء كل يوم إلى مقر عمل صديقه "دي سيكو" الذي يعمل في قسم الدعم الفني في شركة Calabase للحاسوب، وكانا يحاولان لساعات طويلة اختراق نظم شركة Digital ، حتى إن الشركة لجأت لمكتب التحقيقات الفيدرالي FBI الذي تعاون متخصصوه مع خبراء Digital لأيام عديدة في تتبع مصدر محاولات الاختراق دون جدوى؛ لأن كيفين احتاط لتضليلهم، واستخدم جهازي حاسوب: الأول يحاول عن طريقه اختراق شبكة Digital والاستيلاء على نظام التشغيل، والثاني يراقب مركز مؤسسة الهاتف، ويتتبع المحاولات الرامية لاكتشافه، ويقوم بصرفها إلى شقة بعيدة عن مقر عمل صديقه.

أمضى المسئولون في Digital الكثير من الوقت في مراقبة أجهزة الشركة وتطبيق إجراءات جديدة للحماية، وكلفهم ذلك مئات آلاف الدولارات دون جدوى.

أودى مزاح كيفين للوقوع به، عندما اتصل بمدير صديقه وشريكه "دي سيكو" وأخبره أنه يعاني مشاكل جمة مع مصلحة الضرائب، انهار الأخير واعترف لمديره بكل ما كان، وبالطبع سارع للاتصال بـ FBI، واعتقل كيفين.

أحيل كيفين إلى محكمة لوس أنجلوس، بتهمة سرقة برامج تبلغ قيمتها ملايين الدولارات، وتسببه في خسارة شركة Digital أكثر من ٢٠٠ ألف دولار، أنفقتها لإبعاده عن أجهزتها، وأعلنت إدانته لتكون تلك هي المرة الخامسة التي يدان فيها كيفين بجرائم تتعلق بالحاسوب، لكن قضيته هذه المرة أثارت اهتمام الرأي العام في أمريكا، بسبب غرابة الحكم الذي صدر بحقه؛ إذ حكم عليه بالسجن سنة واحدة، وستة شهور معالجة من "إدمان اختراق نظم الحاسوب عبر الشبكات"! مع عدم مغادرة المدينة.

لكن لم يتقيد ميتنيك غير بسنة السجن؛ حيث انتقل بعدها بمدة قصيرة إلى لاس فيجاس، وعمل مبرمجاً بسيطاً، لكنه لم يلبث أن عاد أوائل عام ١٩٩٢ إلى سان فرانسيسكو بعد وفاة شقيقه إثر تناوله جرعة زائدة من الهيروين.

ففي ديسمبر من العام ١٩٩٢ تلقى قسم شرطة بكاليفورنيا اتصالاً عبر الحاسوب، يطلب فيه صاحبه الحصول على نسخ من شهادات رخص القيادة للمتعاونين مع الشرطة، واستخدم المتصل شفرة تظهر أنه مخول قانونياً بالاطلاع على تلك الوثائق، وطلب إرسالها بالفاكس إلى عنوان في إحدى ضواحي لوس أنجلوس.

وبفحص رقم الطالب تبين أنه لمحل يقدم خدمة الفاكس والتصوير، وتقرر إرسال المطلوب، لكنهم أرسلوا بعض رجال الأمن لتقصي الأمر، وهناك وجدوه

يخرج من المحل حاملاً الأوراق، وعندما شعر بهم، ركض هارباً عبر إحدى الحدائق القريبة مخلفاً وراءه الأوراق، وبفحص الأوراق وجد أنها تحمل بصمات كيفين.

جعلت هذه الحادثة وما كتبته الصحف من كيفين لصاً ذكياً، ومثيراً للإعجاب بل إن أحد الصحفيين -ويدعى ماركوف- جعل أخبار كيفين شغله الشاغل، وأخذ يتلقط كل كبيرة وصغيرة عنه؛ ما دفع مكتب التحقيقات الفيدرالي إلى تعيينه مستشارها في عمليات مطاردة كيفين.

في عطلة عيد الميلاد عام ١٩٩٤ اكتشف "شيمومورا" أحد أشهر خبراء أمن الشبكات والذي يعمل مستشاراً لمكتب التحقيقات الفيدرالي، والقوات الجوية، ووكالة الأمن القومي الأمريكية -أن حاسبه المنزلي المتصل بشبكة العمل الواسعة تعرض للاختراق.. وسُرقت منه مئات الملفات والبرامج المفيدة جداً لكل من يرغب في تعلم أساليب اختراق شبكات الحاسوب والهاتف المتحرك، أثارت تلك الحادثة حفيظة شيمومورا فوجه كل طاقته وخبرته -بالتعاون مع مكتب التحقيقات الفيدرالي- لاعتقال الشخص الذي تجرأ على اقتحام عقر داره، وتمكن شيمومورا بمساعدة المحققين، وبفضل نظام المراقبة الذي دأب على تحسينه يوماً بعد آخر - والذي رصد الجاني في بداية عملية الاختراق، إلا أنه تم تضليله- من تتبع أثر المخترق.

وتم رصده وهو يجوب فضاء الإنترنت يتلاعب بشركات الهاتف، ويسرق ملفات من موتورولا وأبل، وشركات أخرى، وينسخ عشرين ألف رقم بطاقة ائتمان من إحدى شبكات الحاسوب التجارية، ودارت الشبهة في كل هذه الحالات حول كيفين ميتنيك، المختفي عن الأنظار منذ عام ١٩٩٢ وكشفت أنه يقوم بعملياته عبر شبكة هواتف متحركة من مدينه رالي شمال كاليفورنيا.

وفي مساء ١٥ فبراير قرع المحققون باب الشقة ٢٠٢ في إحدى ضواحي مدينة رالي، واعتقلوا كيفين، ووضع في السجن بدون محاكمة، إلى أن صدر عليه

حكم في ٢٧ يونيو عام ١٩٩٧ بالسجن لمدة اثنين وعشرين شهراً، ورغم أنه كان حينها قد أمضى مدة الحكم وزاد عليها أربعة شهور، لم يطلق سراحه، وتعلل المحققون بخطورة كينين، ولاقى معاملة قاسية، إضافة إلى حرمانه من حقوق لا يُحرم منها عادة أخطر المجرمين، إلى أن أفرج عنه سنة ٢٠٠٠، وهي الفترة التي أخرج فيها للنور الصحفي "ماركوف" والخبير "شيمومورا" كتابا عن كيفين "كوندور الإنترنت". هو أشهر مخترق.

البرمجيات الخبيثة

البرمجيات الخبيثة Malware : هي اختصار لكلمتين هما Malicious Software، وتعني البرمجية الماكرة أو الخبيثة، وهي برنامج مخصص للتسلل إلى نظام الحاسب أو تدميره بدون رضا المالك، وما إن تم تثبيت البرمجية الخبيثة فإنه من الصعب جداً إزالتها، وبحسب درجة البرمجية من الممكن أن يتراوح أذاها من إزعاج بسيط (بعض النوافذ الإعلانية الغير مرغوب بها خلال عمل المستخدم على الحاسب متصلاً أم غير متصلا بالشبكة) إلى أذىً غير قابل للإصلاح يتطلب إعادة تهيئة القرص الصلب على سبيل المثال.

يجب أن لا يتم الخلط بين البرامج الخبيثة والبرامج المعيبة، والتي هي برامج مكتوبة لأهداف مشروعة لكنها تحوي أخطاءً أو مشاكل.

أهداف البرمجيات (الملوثة)

أضرارها بالغة...على الجميع، فمنذ بداية انتشار حزم الوصول العريضة للإنترنت، أصبحت البرامج الخبيثة الجديدة متجهةً لدافع ربحي فعلى سبيل المثال، منذ عام ٢٠٠٣ ربما قام المبرمجون الصغار بكتابة البعض منها لإثبات ما يمكن أن يقوموا به ولأي مدى بإمكانهم كتابتها بالانترنت خرى من البرمجيات الخبيثة الربحية الهدف هي برامج التجسس spyware والتي صممت لتراقب تصفح

المستخدم للإنترنت وإظهار إعلانات غير مرغوب بها بهدف حصول داعم كتابتها لتكون عديمة الضرر ومزعجةً نوعاً ما وليس من أجل التسبب بالمنتشرة تم تصميمها للسيطرة على حواسب المستخدمين لاستغلالها لأغراض غير قانونية أو إجرامية، فالحواسب المصابة بفيروس zombie تم استخدامها لترسل بريداً يحوي مواداً ممنوعة كاستغلال القاصرين، أو لتنظيم هجمات حجب الخدمة الموزعة distributed denial-of-service attacks كطريقة للابتزاز.

ظهرت صيغة أخرى من البرمجيات الخبيثة الربحية الهدف هي برامج التجسس spyware والتي صممت لتراقب تصفح المستخدم للإنترنت وإظهار إعلانات غير مرغوب بها بهدف حصول داعم هذه الإعلانات (والذي هو منشئ البرنامج) على عائد إعلاني من جراء تكرار وصول المستخدمين الكبير إليها، برامج التجسس لا تنتشر عادةً بنفس الطريقة التي تنتشر ومن البرامج العدائية أكثر منها ما صمم لتخريب البيانات أو التسبب بضياعها، والعديد من فيروسات نظام MS-DOS صممت لتدمير الملفات على القرص الصلب أو لتخريب نظام الملفات وذلك بكتابة بيانات لا معنى لها. ويمكن أن نعطي ديدان الشبكات مثل دودةCode Red أو Ramen نفس التصنيف، فهي مصممة لتخريب المعلومات أيضاً ولكن لصفحات الوب.

والانتقام كان أيضاً دافعاً لكتابة برامج خبيثة كأن يقوم مبرمج أو مدير على وشك أن يطرد من عمله بترك مداخل خلفية للنظام backdoor أو برامج" كقنبلة موقوتة" تسمح له بتدمير نظام صاحب العمل السابق أو تخريب عمله السابق.

ظهرت صيغة بها الفيروسات، إذ أنها تنصب عادةً باستغلال ثغرات أمنية في متصفح الانترنت أو أنها تنصب كحصان طروادة Trojan Horse عند تنصيب برنامج آخر.

البرامج الخبيثة المعدية: الفيروسات والديدان

عرفت هذه البرامج بهذه التسمية لا بسبب العمل المحدد الذي تقوم به، بل للطريقة التي تنتشر بها. ففي الأصل أطلق مصطلح" فيروس حاسوبي" على البرامج التي برامج تنفيذية أخرى بينما "الدودة" تقوم بنشر نفسها على الشبكة لتصيب الحواسب الأخرى. أما حالياً فيتم استخدام المصطلحين واحداً بدل الآخر في العديد من الأحيان.

يحدد البعض الفرق بين الفيروسات والديدان بقولهم أن الفيروس يتطلب تدخل المستخدم كي ينتشر بينما الدودة تنتشر بشكل تلقائي. هذا يعني أن العدوى المنتشرة بواسطة البريد الإلكتروني والتي تعتمد على فتح مستلم الرسالة الملف المرفق كي تقوم بإصابة النظام تصنف على أنها فيروسات.

تاريخها

قبل أن يصبح الوصول إلى شبكة الإنترنت واسع الانتشار، كانت الفيروسات تنتشر على الحواسب الشخصية عن طريق إصابة البرامج أو قطاعات الإقلاع التنفيذية للأقراص المرنة، فبإضافتها نسخة عن ذاتها إلى تعليمات لغة الآلة في هذه الملفات التنفيذية، يتسبب الفيروس بتشغيل نفسه كلما تمتشغيل البرنامج أو تم الإقلاع من القرص، تمت كتابة الفيروسات الأولى لحواسب Apple II وMacintosh ، لكنها أضحت أوسع انتشاراً مع سيطرة أنظمة IBM PC فالفيروسات التي تصيب الملفات التنفيذية تعتمد على تبادل المستخدمين للبرامج أو أقراص الإقلاع، لذا انتشرت بشكل كثيف بين هواة الحاسوب.

الديدان الأولى أو البرامج المعدية والتي تسبب عبئاً على الشبكة، لم تبدأ على الحواسب الشخصية فحسب بل على أنظمة Unix متعددة المهام، وأول دودة عرفت بشكل جيد كانت "دودة إنترنت" Internet Worm عام ١٩٨٨ والتي

أصابت أنظمة SunOS وVAX BSD وعلى خلاف الفيروسات فإن هذه الديدان لم تضف نفسها إلى برامج أخرى، بل إنها استغلت ثغرات أمنية في برامج مخدم الشبكة وبدأت بتشغيل نفسها كبرامج مستقلة، وهذا هو الأسلوب المتبع ذاته في الديدان المنتشرة في هذا الوقت.

ومع ظهور أنظمة تشغيل مايكروسوفت ويندوز في التسعينيات، ومع نظام الماكرو المرن في تطبيقاتها، أصبح من الممكن كتابة نص برمجي معدي بلغة الماكرو الخاصة بـ Microsoft Word والبرامج الأخرى المشابهة له، وفيروسات الماكرو هذه Macro Viruses تصيب المستندات والقوالب بدلاً من أن تصيب التطبيقات، وتعتمد على كون الماكرو في ملفات وورد هو صيغة من الكود القابل للتنفيذ.

أنواع البرمجيات الخبيثة

فيروس الحاسوب

فيروس الحاسوب هو برنامج خارجي صنع عمداً بغرض تغيير خصائص الملفات التي يصيبها لتقوم بتنفيذ بعض الأوامر إما بالإزالة أو التعديل أو التخريب وما شابهها من عمليات، اي ان فيروسات الكومبيوتر هي برامج تتم كتابتها بغرض إلحاق الضرر بكومبيوتر آخر، أو السيطرة عليه، وتتم كتابتها بطريقة معينة.

يتصف فيروس الحاسب بأنه:

١. برنامج قادر على التناسخ Replication والانتشار.

٢. الفيروس يربط نفسه ببرنامج أخر يسمى الحاضن (المضيف Host)

٣. لا يمكن أن تنشأ الفيروسات من ذاتها.

٤. يمكن أن تنتقل من حاسوب مصاب لآخر سليم.

يتكون برنامج الفيروس بشكل عام من أربعة أجزاء رئيسية وهي :

- <u>آلية التناسخ</u> The Replication Mechanism : وهو الجزء الذي يسمح للفيروس أن ينسخ نفسه.

- <u>آلية التخفي</u> The Protection Mechanism : وهو الجزء الذي يخفي الفيروس عن الاكتشاف.

- <u>آلية التنشيط</u> The trigger Mechanism : وهو الجزء الذي يسمح للفيروس بالانتشار قبل أن يعرف وجوده كاستخدام توقيت الساعة في الحاسوب كما في فيروس (Michelangelo) الذي ينشط في السادس من آذار من كل عام.

- <u>آلية التنفيذ</u> The Payload Mechanism : وهو الجزء الذي ينفذ الفيروس عندما يتم تنشيطه.

طرق انتقال الفيروسات (العدوى): يمكن أن نميز فئتين من فيروسات الحاسوب تبعاً لآلية العدوى وانتشار الفيروس:

❖ **فيروس العدوى المباشر Direct Infector :**

عندما يتم تنفيذ برنامج مصاب بفيروس من هذا النوع, فإن ذلك الفيروس يبحث بنشاط عن ملف أو أكثر لينقل العدوى إليه, وعندما يصاب أحد الملفات بالعدوى فإنه يقوم بتحميله إلى الذاكرة وتشغيله ,وهذا النوع قليل الانتشار.

❖ **فيروس العدوى غير المباشر Indirect Infector :**

عندما يتم تنفيذ برنامج مصاب بفيروس من هذا النوع, فإن ذلك الفيروس سينتقل إلى ذاكرة الحاسوب ويستقر فيها, ويتم تنفيذ البرنامج الأصلي ثم يصيب الفيروس بالعدوى كل برنامج يتم تحميله إلى الذاكرة بعد ذلك, إلى أن يتم قطع التغذية الكهربائية عن الحاسوب أو إعادة تشغيله.

أسباب تسميته بالفايروس

سمي الفيروس (Virus) بهذا الاسم لأنها تشبه تلك الكائنات المتطفلة في صفتين رئيسيتين:

اولا : فالفيروسات دائماً تتستر خلف ملف آخر، ولكنها تأخذ زمام السيطرة على البرنامج المصاب، بحيث أنه حين يتم تشغيل البرنامج المصاب يتم تشغيل الفايروس أيضا.

ثانيا : تتواجد الفايروسات في مكان أساسي في الحاسب كالذاكره رام مثلا وتصيب اي ملف يشغل في أثناء وجودها بالذاكره مما يزيد عدد الملفات المصابه كلما طال وقت اكتشاف الفايروس تستخدم عادة لغة التجميع (الاسمبلي) لكتابة كود تنفيذ الفيروس.

أنواع الملفات التي يمكن ان يصيبها الفيروس

- الملفات ذاتية التنفيذ مثل ملفات ذات امتداد(EXE .COM.) ضمن أنظمة التشغيل دوس وميكروسوفت ويندوز ، أو (ELF) في أنظمة لينكس .
- سجلات الملفات والبيانات (VOLUME BOOT RECORD) في الاقراص المرنة والصلبة والسجل رقم (٠)، في القرص الصلبl MASTER BOOT .
- ملفات الأغراض العامة مثل ملفات الباتش والسكريبت في ويندوز وملفات الشل في يونيكس l .
- ملفات الاستخدام المكتبي في النوافذ (WINDOWS) التي تحتوي ماكرو مثل الوورد والاكسل واكسس l قواعد البيانات وملفات الاوتولوك لها دور كبير في الاصابة ونشر الاصابة لغيرها اما تحويه من عناوين البريد الالكتروني.

- ملفات الاكروبات (PDF) وبعض النصوص المهجنة (HTML) احتمال احتوائها على كود خبيث.

أعراض الإصابة

تكرار رسائل الخطأ في أكثر من برنامج:

- ظهور رسالة تعذر الحفظ لعدم كفاية المساحة.
- تكرار اختفاء بعض الملفات التنفيذية.
- حدوث بطء شديد في إقلاع [نظام التشغيل] أو تنفيذ بعض التطبيقات. رفض بعض التطبيقات للتنفيذ.
- فعند تشغيل البرنامج المصاب فإنه قد يصيب باقي الملفات الموجودة معه في قرص صلب أو المرن، لذا يحتاج الفيروس إلى تدخل من جانب المستخدم كي ينتشر بطبيعة الحال التدخل عبارة عن تشغيله بعد أن تم جلبه من الايميل أوانترنت أو تبادل الاقراص المرنة.

تعمل الفيروسات بطبيعتها على تعطيل عمل الحاسوب أو تدمير ملفاته وبرامجة هناك فيروسات تعمل على خلق رسائل مزعجة وأنواع تعمل على تشغيل برامج غير مطلوبة وأنواع تعمل على اشغال المعالج بحيث تبطئ سرعة الحاسوب أو سرقة بيانات من حاسوب المستخدم مثل ارقام حسابات وكلمات السر أو ارقام بطاقات الائتمان وبيانات مهمة أخرى وهذه أهم اهداف الفيروسات الحديثة وبرامج التجسس التي يتم تطويرها يوما بعد يوم

توجد عدة تقسيمات للفيروسات، فمثلاً من حيث سرعة الانتشار هناك فيروسات سريعة الانتشار وفيروسات بطيئة الانتشار ومن حيث توقيت النشاط فيروسات تنشط في أوقات محددة وفيروسات دائمة النشاط ومن حيث مكان الإصابة فيروسات مقطع التشغيل boot sector على الأقراص وهي الأكثر

شيوعاً، وفيروسات الماكرو macro التي تختص بإصابة الوثائق والبيانات الناتجة عن حزمة مايكروسوفت أوفيس، أما من حيث حجم الضرر فهناك الفيروسات المدمره للأجهزه طبعا لايوجد فايروسات خارقه بحيث انها تدمر الأجهزة كما نسمع أحيانا (احترق المعالج بسبب الفايروس تعطلت وحدة التغذيه بسبب الفايروس أو تلفت الشاشة بسبب الفايروس ... الخ) ولكن يمكن للفايروس ان يؤذي الذاكره في الحاسب كما في فايروس تشرنوبل أو ان يمحي معلومات الـ MBR Main Boot Sector على القرص الصلب فتعود الاقراص الصلبه كما اتت من المصنع وفي الحالتين السابقتين لا يتم اقلاع الجهاز مما يوحي للبعض ان الفايروس (حرق) الحاسب طبعا هذه الفيروسات تعتبر خطيره جدا لانها تتسبب في اتلاف البيانات المخزنه والتي قد تكون (البيانات) نتاج عشرات السنين مما يؤدي إلى خسائر جسيمة أو إلى توقف الحاسبات عن العمل كما في تشرنوبل مما يؤدي إلى توقف الخدمات المقدمه، وهنالك أيضا الفيروسات المدمرة للبرامج وتاثيرها محدود طالما ان البيانات لم تتاثر حيث يمكن تخزين البيانات واعادة تهئية الحاسب واعادة البرامج المتضرره من اقراصها الاصليه، والفيروسات عديمة الضرر وهي التي لاتقوم باي عمل مؤذي وانما تم برمجتها لاثبات الذات والقدره على البرمجه من بعض المراهقين فمنها ما يرسم كرة أو اي شكل على الشاشه طوال فترة عمل الحاسوب ومنها ما يغير بعض الاحرف (كتغير حرف بحرف اينما وجدأو تغيير مؤشر الماوس).. الخ.

تصنيف الفيروسات حسب خطورتها

العادي Trivial : لا يفعل الفيروس العادي شيئا سوى التكاثر replicationولا يسبب أي ضرر أو تخريب للمعلومات .

الثانوي Minor : يصيب الملفات التنفيذية فقط executable file ولا يؤثر على البيانات.

المعتدل Moderate : يقوم بتدمير جميع الملفات الموجودة على القرص إما باستبدال المعلومات بمعلومات لا معنى لها أو عن طريق إعادة التهيئة Reformatting مثل فيروس Disk killer الذي يقوم بإعادة تهيئة القرص، ويمكن حل مشكلة هذه الفيروسات عن طريق استخدام النسخ الاحتياطي.

الرئيسي Major : يؤدي الفيروس إلى تخريب المعلومات بإجراء تغيرات ذكية وبارعة للبيانات دون أن يترك أثرا يشير إلى التغيير الحاصل كأن يقوم بتبديل كتل المعلومات المتساوية في الطول بين الملفات كما أن تأثيره يكون على المدى الطويل ولن يكون من الممكن اكتشاف الإصابة إلا بعد بضعة أيام وبذالك لا يمكن الوثوق بالنسخة الاحتياطية أيضا.

اللامحدود Unlimited : يستهدف الشبكات والملفات المشتركة وتمضي ـ أكثر الوقت في محاولة معرفة كلمة السر للمستخدمين الأكثر فاعلية وعند معرفتها يقوم بتمريرها إلى أحد أو أكثر من مستخدمي الشبكة على أمل أنهم سيستخدمونها لأغراض سيئة.

أشهر الفيروسات

فيروس Brontok : هو فيروس يخفي خيارات المجلد او يفقدك التحكم في الرجستري فتصبح غير قادر على التحكم في الحاسوب هذا الفيروس من أبرز مهامه أنه يقوم بإخفاء خيارات المجلد من قائمة أدوات الموجودة في نظام الويندوز وأيضا يقوم بتكرار جميع المجلدات التي يصيبها حتى أنك لاتعرف الأصل من النسخة وقد تحذف الأصل ظنا منك أنه الفيروس، وهو أيضا يقوم بفتح شاشة الإنترنت اكسبلورر ويقوم بفتح شاشة خضراء اللون بشكل مستمر مما يسبب بطء في النظام ووما يؤدي الى زيادة انتشار هذا الفيروس في الحاسوب.

فيروس xcopy : والذي يصيب الـ Partion القسم للقرص الصلب ويجعله لايفتح مباشرة وذلك بـزرع ملف auotorun وحينما تحاول فتح القسم يعطيك قائمة فتح باستخدام ولا تستطيع الدخول إلى القسم الذي تريده إلا بطرق ملتوية مثل (استكشاف وتشغيل) للمحترفين فقط ويقوم أيضا بجعل الفلوبي دسك القرص المرن يصيح باستمرار مطالبا بإدخال قرص مرن للحاسوب.

فيروس I love you : طريقة عمله هي عوضا عن نسخ نفسه تلقائيا فأنه يربط كوده برابط معين ضمن الرسالة وعند النقر عليه يرسل نفسه إلى جميع العناوين الموجودة في الـ Address book . استخدم الفيروس ميزة الـ VBA (visual basic for application) وهي لغة برمجة كاملة وتستطيع مـن خلالهـا أن تبرمج أي شيء مثل تعديل ملف أو إرسال الرسائل الالكترونية أي يمكنك كتابـة أي برنـامج وعنـد فـتح المستند يتم تنفيذه طبعا هي ميزة مفيدة ولكنها في نفس الوقت ميزة تنفيذ تلقائيـة يمكـن أن تسـتخدم بشكل خبيث.

البرامج الخبيثة بهدف الربح (spyware, botnets, loggers and dialers)

خلال فترة الثمانينيات والتسعينيات كانت الفكرة عن البرامج الخبيثة أنها برمجيات تـم إنشـاؤها بهدف التخريب أو المزاح، ولكن وفي الآونة الأخيرة فإن معظم البرمجيات الخبيثة قد تمـت كتابتهـا بـدافع ربحي، برغبة من كاتبي هذه البرامج من السيطرة على الأنظمة المصابة وتحويـل هـذه السـيطرة لتعـود عليهم بعائد مادي، ومنذ حوالي عام ٢٠٠٣ أصبحت أكثر البرمجيات الخبيثة كلفةً (من حيث المال والوقت اللازم لاستعادة الأنظمة) هي برامج التجسس Spyware .

برامج التجسس هي برامج يتم إنشاؤها تجارياً بهدف:

- جمع المعلومات عن مستخدمي الحاسوب

- إظهار نوافذ إعلانية

- تعديل أداء متصفح الإنترنت ليفيد صانع البرمجية ماديا

وبعض برامج التجسس الأخرى التي شوهدت تعدل على شيفرة داعمي الإعلانات بحيث يصبح الدخل العائد لهم موجهاً إلى منشئ البرنامج الماكر بدلاً من صاحب الموقع الحقيقي.

عادةً ما يتم تنصيب برامج التجسس بشكل أو بآخر من أحصنة طروادة: تختلف بمنشئها، تقدم نفسها بشكل مفتوح على أنها تجارية (على سبيل المثال بيعها مساحة إعلانية على النوافذ التي تظهر من البرنامج)، ومعظم هذه البرامج تقدم للمستخدم اتفاقية ترخيص للاستخدام مغزاها حماية منشئ البرنامج من الملاحقة القانونية.

طريقة أخرى شجعت منشئي هذه البرامج على الاستفادة مادياً منها هي استخدام هذه الحواسب لتقوم بالعمل عنهم، ففيروسات السبام (أو الرسائل الغير مرغوبة) ومنها عائلة فيروسات Sobig و Mydoom تعمل لصالح عصابات سبام البريد الإلكتروني، فالحواسيب المصابة تستخدم كمخدمات وكيلة لإرسال الرسائل الغير مرغوب بها. والفائدة التي يجنيها مرسل الرسائل باستخدامه الحواسيب المصابة هي توافرها بكميات كبيرة كما أنها تؤمن لهم الخفاء، وتحميهم بذلك من الملاحقة. كما أن مرسلي هذه الرسائل قاموا باستخدام الحواسيب المصابة لتنظيم هجمات حجب خدمة موزعة تستهدف المؤسسات المضادة لهذا النوع من رسائل الـ Spam.

وحتى يتمكنوا من تنسيق نشاطات عدة حواسيب مصابة قام المهاجمون باستخدام أنظمة تنسيق معروفة باسم botnets في هذه الأنظمة تقوم البرمجية الخبيثة بالدخول إلى قناة (IRC Internet Relay Chat)أو نظام دردشة آخر. ويستطيع المهاجم إعطاء تعليمات إلى جميع الأنظمة المصابة بنفس الوقت، ومن الممكن استخدام أنظمة BotNets لتحميل نسخة محدثة من البرمجية الخبيثة إلى النظام المصاب لتبقيهم عاصين على مضاد الفيروسات أو أي مقاييس أمنية أخرى.

وأخيراً من الممكن لمنشئ البرمجية الاستفادة مادياً ببساطة بالسرقة من الشخص صاحب الحاسوب المصاب. بمعنى أنه من الممكن سرقة كلمات السر أو أي شيء مالي آخر. بعض البرامج تقوم بتنصيب برنامج key logger ليقوم بنسخ ضربات المستخدم على لوحة مفاتيح الحاسب عند إدخاله كلمة سر أو رقم بطاقة ائتمانية أو أية معلومة مفيدة أخرى. ومن ثم يتم إرسالها إلى منشئ البرنامج تلقائياً مما يمكنه من سرقة البطاقة الائتمانية وأي شكل آخر من السرقة وبالطريقة نفسها يمكن للبرمجية نسخ مفتاح القرص الليزري أو كلمة سر للعبة على الإنترنت فتسمح له بسرقة حسابات أو أمور أخرى افتراضية.

وطريقة أخرى للسرقة من الحاسب المصاب هي التحكم بالمودم والقيام باتصالات مرتفع الثمن، ومن ثم ترك الخط مفتوحاً مما يكلف المستخدم فواتير هاتف بمبالغ مالية كبيرة.

دودة الحاسوب

دودة الحاسوب هي برامج صغيرة قائمة بذاتها غير معتمدة على غيرها صنعت للقيام بأعمال تدميرية أو لغرض سرقة بعض البيانات الخاصة ببعض المستخدمين أثناء تصفحهم للإنترنت أو إلحاق الضرر بهم أو بالمتصلين بهم، تمتاز بسرعة الانتشار ويصعب التخلص منها نظراً لقدرتها الفائقة على التلون والتناسخ والمراوغة.

آلية عملها

تصيب الدودة الحواسيب الموصلة بالشبكة بشكل اوتوماتيكي، ومن غير تدخل الإنسان وهذا الامر يجعلها تنتشر بشكل اوسع واسرع عن الفيروسات، الفرق بينهم هو أن الديدان لا تقوم بحذف أو تغيير الملفات بل تقوم بتهليك موارد الجهاز واستخدام الذاكرة بشكل فظيع مما يؤدي إلى بطء ملحوظ جدًا للجهاز.

تختلف الديدان في عملها من نوع لآخر، فبعضها يقوم بالتناسخ داخل الجهاز إلى أعداد هائلة، بينما نجد بعضها يتخصص في البريد الإلكتروني بحيث تقوم بإرسال نفسها برسائل إلى جميع الموجودين بدفتر العناوين، بل أن البعض منها يقوم بإرسال رسائل قذرة لعددٍ عشوائي من المقيدين بسجل العناوين باسم مالك البريد مما يوقعه بالكثير من الحرج.

خطورة ديدان الحاسوب

تكمن خطورة الديدان باستقلاليتها وعدم اعتمادها على برامج أخرى تلتحق بها مما يعطيها حرية كاملة في الانتشار السريع، وبلا شك أن هناك أنواعا منها غاية في الخطورة، حتى أصبح بعضها كابوساً مرعباً يلازم كل مستخدم للشبكة، كدودة Tanatos الشهيرة التي ظهرت خلال شهر أكتوبر٢٠٠٢ م وانتشرت انتشار النار بالهشيم وخلفت ورائها آثاراً تدميرية هائلة.

أنواعها

- <u>ديدان البريد</u>

وتكون مرفقة في محتوى الرسالة وأغلب الأنواع من هذة الديدان تتطلب من المستخدم أن يقوم بفتح الملف المرفق لكي تصيب الجهاز وأنواع أخرى تكون تحتوي على رابط خارجي وبعد أن تصيب الجهاز تقوم بإرسال نسخ منها إلى جميع المضافين في القائمة البريدية بإستعامل برتوكولSMTP .

- <u>ديدان المراسلة الفورية</u>

وهذا النوع من الديدان يقوم باستخدام أحد برامج المراسلة الفورية للانتشار وذلك عن طريق إرسال الرسائل إلى جميع المتواجدين.

- **ديدان آي ار سي(IRC)**

وتقوم بالإنتشار عن طريق نسخ نفسها في القنوات في حالة الدردشة باستعمال بروتوكول إي آر سي وإرسال روابط إلى العنوان المصاب بالدودة.

- **ديدان برامج مشاركة الملفات**

وتنتشر عن طريق وضع نفسها قي مجلدات المشاركة حتى تنتشر بين المستخدمين الاخرين في حالة تحميل الملفات عن طريق برنامج بيتلورد.

- **ديدان الإنترنت**

وتقوم بالإنتقال عن طريق بروتوكول tcp/ip مباشرة دون الحاجة إلى مستوى أعلى مثل البريد الالكتروني أو برامج تشارك ملفات, ومن الأملثة عليها هو دودة بلاستر التي تقوم عشوائيا بلإنتشار عن طريق البحث عن عناوين يكون المنفذ رقم ١٣٥ مفتوحا لتقوم باستغلالة وإصابة جهاز الضحية.

أشهر الديدان التي هاجمت الشبكة

الشيفرة الحمراء: عندما ظهرت الشيفرة الحمراء في عام ٢٠٠١ قدّر بعض الخبراء الخسائر الناجمة عن هذا الفيروس بنحو ٢ مليار دولار والاسم التقني لهذا الفيروس يشير إلى الثغرة التي يستغلها هذا الفيروس وهوBuffer overflow ، وهي ثغرة موجودة في مزودات مايكروسوفت IIS في الإصدارات ٤ و ٥ التي تعمل ضمن ويندوز ٢٠٠٠ أو الإصدارات التجريبية من ويندوز أكس بي، تخيل موقعا تحتاج للدخول إليه إلى اسم مستخدم وكلمة سر، ثم تخيل أنك قمت باستعمال اسم مستخدم يتكون من مليون حرف!! ما يحصل في بعض النظم، والتي لم يتم بها تحديد الحد الأقصى لحجم المتغيرات، هو أنها إما تنهار أو تسمح للمستخدم بالدخول، أما في حالة الثغرة الموجودة في برمجيات مايكروسوفت المذكورة أعلاه

فهو أن النظام يسمح للهكرز بالدخول، ومن ثم تنفيذ أية مجموعة يريدها من الأوامر، ويستغل فيروس، أو دودة الشيفرة الحمراء هذه الثغرة لينفذ إلى المرودات ومن ثم الانتشار إلى مرودات أخرى ليتحول إلى هجمة حرمان من الخدمات، حيث يقوم باستهلاك نطاقات الموجة للبحث عن ومسح مجموعات من عناوين IPالمولّدة شبه عشوائيا، وقد كان الفيروس فعالا في الانتشار إلى حد أنه تمكن من الوصول إلى ٢٥٠ ألف نظام في الساعات التسعة الأولى من ظهوره. وخلال هذه الساعات قام الفيروس بوضع العبارة " Hacked by Chinese!" Welcome to www.worm.com كاستجابة لأية طلبات لوصلاتHTTP وتبدأ هذه المرحلة في اليوم الأول من الشهر وتستمر حتى اليوم التاسع عشر منه (من أي شهر)، وفي مرحلة الإغراق، وهي المرحلة الثانية، والتي تتواصل في الفترة ما بين ٢٠ و ٢٧ من أي شهر، فإن الفيروس قام باستهداف عناوين IP الخاصة بالبيت الأبيض الأمريكي، والذي تمكن من مكافحة الهجوم بتغيير عنوان IPضمن نظام أسماء النطاقات المركزي، ومع ذلك، فإن مشتقات هذه الدودة، والتي ظهرت لاحقا، تقوم باستخدام أساليب أخرى للاستهداف، فبالإضافة إلى استخدام العناوين المكتوبة بالحروف، وليس بأرقام IP فقط فإن المشتقات الجديدة يمكنها استهداف مواقع في بلدان معينة أو أقاليم معينة، وفي المرحلة الثالثة فإن الدودة تخلد إلى النوم، حتى بداية الدورة في الشهر التالي.

وبالنسبة لمشتقات دودة الشيفرة الحمراء الأصلية، فقد كانت أكثر ذكاء وقدرة على الانتشار، حيث أنها لم تقم بالبحث عن نفس القائمة من عناوينIP ، كما أنها لم تستخدم الرسالة الإنجليزية الأصلية، مما أطال من فترة الاكتشاف والانتشار، وبدلا من أسلوب التخريب الأول فإن المشتقات الجديدة تقوم بوضع فيروسات طروادية، تقوم بفتح مسالك للنفاذ إلى الأجهزة المصابة بالفيروس، والتي لم يتم معالجة الثغرة بها، مما يسمح للهكرة مستقبلا باستخدام هذه الأجهزة لشن هجمات جديدة للحرمان من الخدمات. كما أن المشتقات الجديدة كما ذكرنا تقوم بتوليد عناوين IP عشوائية للعثور على أجهزة جديدة لاختراقها.

ربما تكون قد سمعت في الأنباء، أو قرأت على المواقع التقنية، بأن دودة" الشيفرة الحمراء" يؤثر فقط على المواقع التي تستخدم مزودات مايكروسوفت، وإذا اعتقدت أنك بأمان لأنك لا تستخدم منتجات مايكروسوفت، فإنك مخطئ، فالشيفرة الحمراء كما أوضحنا، وأثناء بحثها عن عناوين جديدة لاختراقها، ترسل رسائلها إلى جميع المزودات دون استثناء، حيث تقوم بإرسال أمر GET بحثا عن الملف default.ida يتبع ذلك أمر طويل ليس له معنى، ويعني ذلك أنه يصبح لزاما على المزود أن يقوم بمعالجة مجموعة كبيرة من حزم get ، مما قد يؤدي إلى إحداث بعض الضغوط على الأداء وبالإضافة إلى ذلك، إذا كان لديك مزود وسيط يقوم بتسريع أداء مزود ويب، فإنه يقوم بإرسال هذه الأوامر إلى مزود الويب، والذي رغم أنه قد لا يتعرض للعدوى بالفيروس، فإنه حتما سيعاني من تراجع في الأداء نتيجة للكم الهائل من الحزم التي سيكون عليه معالجتها.

دودة My Doom : قدر الخبراء الحواسيب المتضررة من هذه الدودة بحوالي ربع مليون حاسوب خلال يوم واحد والذي كان في كانون الثاني ٢٠٠٤.

دودة Milessa: أعطى هذا الفيروس فاعلية كبيرة جدا حيث أجبر شركة Microsoft والعديد من كبرى الشركات الأخرى على إطفاء مخدمات البريد بشكل كامل حتى تمكنوا من القضاء عليه وذلك في آذار ١٩٩٩ تعمل هذه الدودة على أنشاء مستند Word ووضعه في موقع للأخبار عندما يقوم أي شخص بتحميل الملف وفتحه فإن الفيروس يتفعل ويقوم بإرسال المستند إلى أول ٥٠ شخص في الـ Address book والمستند يحوي على ملاحظة لطيفة واسم الشخص المرسل إليه وعندما يقوم المرسل إليه بفتح المستند يتم إرساله إلى ٥٠ شخص أخر وبهذه الطريقة أصبح فيروس Melissa أسرع فيروس في الانتشار.

أحصنة طروادة

هي برامج تبدو ظاهرياً مفيدة إلا أنها تقوم بأعمال أخرى غير شرعية كحذف الملفات والتجسس، حتى تتمكن أحصنة طروادة من تنفيذ مهمتها يجب أن يكون بمقدورها أن تعمل بدون أن يتم إغلاقها من المستخدم أو مدير النظام التي تعمل عليه في بادئ الأمر، الاختفاء هو الطريقة التي تساعد حصان طروادة على بدء العمل في النظام، فعندما يظن المستخدم أن هذا البرنامج بريء أو مرغوب به، قد يتحفز المستخدم لتنصيب البرنامج دون أن يعلم ما الذي يقوم بعمله هذا البرنامج، وهذه هي التقنية التي يستخدمها حصان طروادة.

وعلى العموم، فحصان طروادة هو أي برنامج يدعو المستخدم لتشغيله لكنه يخفي في الحقيقة أذىً أو نتائج سيئة. فهذه النتائج قد تكون أي شيء: قد تقوم بالعمل مباشرةً كأن يتم حذف جميع ملفات المستخدم، أو من الممكن (وذلك منتشر أكثر) أن تقوم بدورها بتنصيب برنامج مؤذي في نظام المستخدم لتخدم أهداف منشئ الحصان على المدى البعيد. وأحصنة طروادة المعروفة بـ droppers تقوم بالإلقاء تستخدم لبدء انتشار دودة بحقنها هذه الدودة في شبكة المستخدم المحلية.

إحدى أكثر الطرق شيوعاً والتي تنتشر بها برمجيات التجسس هي كأحصنة طروادة موجودة مع برنامج ما آخر مرغوب من قبل المستخدمين يتم إنزاله عن طريق الوب أو شبكات تبادل الملفات بين المستخدمين peer-to-peer file-trading network وعندما يقوم المستخدم بتنصيب البرنامج يتم تنصيب برنامج التجسس معه، وبعض كاتبي برمجيات التجسس الذين يحاولون التصرف بشكل قانوني قد يضمنون ضمن اتفاقية الترخيص للمستخدم ما يصف أداء برامج التجسس بعبارات ضمنية، مع معرفتهم بأن المستخدم غالباً لن يقوم بقراءتها أو فهمها.

برمجيات التخفي

بعد أن يتم تنصيب البرمجية الخبيثة على النظام يكون من الأفضل في العديد من الأحيان لكاتب البرمجية أن تبقى مخفية، الأمر ذاته صحيح عندما يخترق شخص ما حاسباً بشكل مباشر، وهذه التقنية التي تعرف باسم RootKits تؤمن هذا الإخفاء وذلك عن طريق تعديل ملفات النظام المضيف بحيث يكون البرنامج الخبيث مخفياً عن المستخدم، علاوةً على ذلك قد تقوم الـ RootKit بمنع الإجرائية process الخاصة بالبرمجية الخبيثة من الظهور في قائمة البرامج التي تعمل، أو منع ملفاتها من القراءة وفي البداية كانت الـ RootKit أو أدوات الجذر مجموعةً من الأدوات التي يتم تنصيبها من قبل الإنسان المخترق على نظام Unix حيث حصل المهاجم على صلاحيات وصول مدير administrator أو الجذر Root أما الآن فيتم استخدام المصطلح على مستوى أعم ويطلق على روتينات الإخفاء في البرمجية الخبيثة.

اللصوصية

يستخدم مصطلح (Phishing) للتعبير عن سرقة الهوية، وهو عمل إجرامي، حيث يقوم شخص أو شركة بالتحايل والغش من خلال إرسال رسالة بريد إلكتروني مدعياً أنه من شركة نظامية ويطلب الحصول من مستلم الرسالة على المعلومات الشخصية مثل تفاصيل الحسابات البنكية وكلمات المرور وتفاصيل البطاقة الائتمانية. وتستخدم المعلومات للدخول إلى الحسابات البنكية عبر الإنترنت والدخول إلى مواقع الشركات التي تطلب البيانات الشخصية للدخول الى الموقع.

هناك برامج لمكافحة اللصوصية Phishing والكشف عن هوية المرسل الحقيقي، وأفضل وسيلة لحماية الشخص من نشر معلوماته الشخصية لمن يطلبها هو أن يكون الشخص متيقظاً وحذراً ولديه الوعي الكافي، فلا يوجد هناك أي بنك

معروف أو مؤسسة فعلية يطلبون من عملائهم إرسال معلوماتهم الشخصية عبر البريد الإلكتروني.

قائمة بأكثر البرامج الخبيثة ضرراً التي هاجمت الشبكة من عام ٢٠٠٩ الى النصف الأول من عام <u>٢٠١٠</u>

حسب احصائية لشركة اي سيت

عدد الأجهزة المستهدفة	إسم البرمجية
٥٤٨. ١٧٧	Win٣٢/Zafi.B worm
٤٣٦. ٤٣٩	a variant of Win٣٢/Injector.BZ trojan
٢٣٨. ٥٣٦	Win٣٢/Netsky.Q worm
٥٣. ٦٨٢	Win٣٢/Oficla.GN trojan
٤٠. ٤٨٨	JS/TrojanDownloader.Pegel.BR trojan
٣٩. ٠٧٢	Win٣٢/Netsky.C worm
٢٨. ٧٤٨	a variant of Win٣٢/Kryptik.FTI trojan
٢٦. ٥١٣	Win٣٢/Netsky.AB worm
٢٥. ٠٥٨	Win٣٢/TrojanDownloader.Bredolab.AN

الفصل الخامس

٥

طرق الحماية من الهجمات والإحتيالات الحاسوبية

الأخطار المادية (الطبيعية)

أخطار سببها عامل بشري

طرق الحماية

مقدمة

هنالك عدة إجراءات وقواعد تحمي النظام والحاسوب من أي هجمات أو إحتيالات هدفها تخريبه أو محاولة إعطابه، فمثله مثل أي نظام آخر فهو معرض للأعطال ومحاولات التجسس والسرقة والتخريب.

من هنا برزت فكرة (الحماية) للنظام أو الشبكة أو حتى حاسوب المستخدم فالأخطار المحدقة تقسم الى قسمين:

❖ أخطار سببها مادي (أخطار طبيعية).

❖ أخطار سببهاعامل بشري (أخطار سببها مخربون بالنظام "مقصودة")

الأخطار المادية (الطبيعية)

وهي الأخطار التي تحدث بسبب عوامل طبيعية كالحرائق والفيضانات وإنقطاع التيار الكهربائي بشكل فجائي والضرر المادي بمكونات النظام كالعطل والعطب وسوء التصنيع.

ويمكن الحماية من هذه الأخطار والمسببات بالأمور الآتية:

١- إنشاء ملفات إحتياطية للنظام:

يمكن ذلك مدير النظام ومستخدم الحاسوب إسترجاع البيانات المفقودة عن طرق الملفات الإحتياطية BackUp التي قد أعدها سابقاً تحسباً لأي خطر قد يحدث أو فقدان فجائي لمعلومات وبيانات النظام ويفضل الإحتفاظ بهذه الملفات الإحتياطية بمكان بعيد عن المؤسسة تحسباً لأي طارئ أو وضعها في غرف مقاومة للكوارث الطبيعية.

٢- **توصيل الأجهزة والحواسيب في الشبكة بأجهزة حفظ الطاقة UPS :**

التي تسمح بتخزين المعلومات والبيانات حين إنقطاع التيار فجأة ليتسنى للمستخدم بتخزين وحفظ ما أمكن لتفادي أكبر ضرر ممكن من الخسائر.

٣- **إنشاء نسخ ورقية (تقليدية) للنظام:**

حتى لا تكون عرضة للفقدان إذا لم تفلح الطريقة الأولى أو الثانية في إسترجاعها، وعادة يطبق هذه الطريقة الشركات والمؤسسات المحاسبية بشكل أكبر وأوسع من غيرها لتوافر (أصول ورقية) كأساس لطبيعة عملهم.

٤- **إستخدام مكونات مادية للنظام جيدة الصنع والكفاءة:**

وتعني إستخدام أفضل الأنواع والماركات لتفادي الضرر الذي من المحتمل أن تحدثه الأجهزة والمعدات رخيصة الصنع، ويشمل ذلك: الحواسيب، أجهزة حفظ الطاقة، موزعات التوصيل بالإنترنت، أجهزة حفظ المعلومات الإحتياطية، الخوادم، التوصيلات الكهربائية والمقابس.

أخطار سببها عامل بشري (مقصودة)

وهي أخطار ومسببات أساسها يد البشر فلا تحدث بالصدفة كالحرائق وانقطاع التيار بل تكون مدبرة ومخطط لها لتحقيق أسباب وغايات كثيرة .

طرق الحماية من الهجمات

التشفير

التشفير هو ترميز البيانات كي يتعذر قراءتها من أي شخص ليس لديه كلمة مرور لفك شفرة تلك البيانات. ويقوم التشفير بمعالجة البيانات باستخدام عمليات رياضية غير قابلة للعكس، ويجعل التشفير المعلومات في جهازك غير قابلة للقراءة من قبل أي شخص يستطيع أن يتسلل خلسة إلى جهازك دون إذن، ومن أشهر برامج التشفير (PGP) .

أمن الشبكة اللاسلكية

تنتشر الشبكات اللاسلكية في كل مكان وتنمو بشكل غير طبيعي ولا توجد دلالات على توقف ذلك النمو على المستوى المنظور، وهناك العديد من القضايا الأمنية المصاحبة لهذه الشبكات اللاسلكية، كما أن بإمكان أي شخص الوصول إلى الشبكة اللاسلكية من أي مكان تتوفر فيه الوصلة اللاسلكية، وبالإضافة إلى التدابير الأمنية العامة المتبعة لحماية الشبكات اللاسلكية، فإنه من الضروري اتباع المبادئ العامة البسيطة لتوفير أفضل مستوى من الأمن لشبكتك اللاسلكية.

يتم حماية الشبكة اللاسلكية باستخدام بروتوكول تشفير الشبكات اللاسلكية (WEP) ويعمل هذا البروتوكول بتضمين مفتاح مشترك ٦٤ أو ١٢٨ بت بين العملاء ونقطة الدخول، ومن ثم يتم استخدام هذا المفتاح لتشفير وفك تشفير البيانات بينهم، وهذا يوفر قدر كاف من الأمن للشبكات المنزلية. عليك الرجوع إلى الوثائق الخاصة بالأجهزة اللاسلكية لديك لتعرف كيفية تمكين وإعداد بروتوكول التشفير اللاسلكي (WEP) على شبكتك. أما بالنسبة لبيئات الشركات، فيجب اعتبار هذا البروتوكول(WEP) فقط كنقطة بداية للترتيبات الأمنية، وعلى الشركات البحث جدياً في ترقية شبكاتهم اللاسلكية إلى مستوى (WPA)أكثر أماناً.

يكون للأجهزة ومديرو الشبكات أسماء تعريف افتراضية في النظام، ومن السهل كثيراً على الهاكر إيجاد هذه الأسماء، ومن ثم عمل كلمات مرور واسم مستخدم شخصي لك من خلال تعديل أسماء التعريف الافتراضية في النظام. لذا ننصح بإعطاء الأجهزة لديك أسماء لا تكشف عن هوية صاحبها أو أماكنها، ومثال ذلك بدلاً من استخدام عنوانك الفعلي مثل اسم المبنى أو اسم الشركة كأسماء لأجهزتك، يمكنك استخدام أسماء مختلفة مثل "الجبل "Mountain أو "جهازي"My Device

الإعلان عن المعرف Identifier Broadcasting

قد يكون في جهازك وظيفة افتراضية لبث (الإعلان عن) حالة التوصيلة، وحيث أنه قد يكون سهلاً على الهاكرز اختراق الشبكة اللاسلكية، لذا عليك تعطيل عمل خاصية الإعلان عن المعرف Identifier broadcasting.

ترشيح العناوين MAC filtering

يعرف عنوان (MAC) كذلك بأنه العنوان المادي، وهو معرف فريد لكل جهاز في الشبكة،ويعني مصطلح ترشيح العناوين أن تقوم يدوياً بإدخال قائمة بالعناوين الموجودة في شبكتك المحلية وتقوم بإعداد الموجه لديك (router) ليسمح فقط بتوصيل هذه العنوانين المحددة عبر الشبكة اللاسلكية. ويمكن بسهولة العثور على العناوين (MAC Addresses) من خلال الذهاب إلى مؤشر الأوامر (Command Prompt) في كل نظام وكتابة هذه العبارة

الحماية من هجمات الحرمان من الخدمة

يتم الحماية من هذه الهجمات بعدة طرق ومن هذه الطرق ما يعرف بنظامDos.deny .

نظام (Dos.deny)

نظام الحماية Dos.deny هـو نظـام مخصـص لاكتشـاف هجـمات الحرمـان مـن الخدمـة DoS والتصدي لها ومنعها من التأثير على أداء المخدمات أو المواقع التي تسعمل هذا النظام، ولمن لا يعرف مـا هي عمليات الحرمان من الخدمة، فهي قيام شخص باستهداف موقـع مـا وذلـك بإرسـال قـدر هائـل مـن طلبات التصفح HTTP Request بغرض منع الموقع من العمل بشكل سـليم أو إبطـاء عمـل الموقـع، أو حتى الإطاحة بشكل كامل بخادوم الموقع بحيث يقف نظـام الخـادوم Apache / IIS عـن العمـل نهائيـا جراء الكم الهائل من أوامر التصفح.

طريقة عمل نظام Dos.deny

مبدأ عمل هذا النظام هو عن طريق إضـافة سـطر واحـد إلى ملفـات موقعـك، سـيكون بإمكـان النظام قراءة رقم الأي بي (IP) لكل زائر، وعن طريق تخزين هذه الأرقام وتتبعها وفقاً لخوارزميـة معينـه سيكون بمقدور النظام اكتشاف عمليات الحرمان من الخدمة وذلك بضوابط يمكـن لمـدير الموقـع الـتحكم بها من خلال لوحة التحكم، بمعنى أنه يمكنك تحديد كـم عـدد المحـاولات والفـترة التـي تقـع فيهـا هـذه المحاولات، والتي على أساسها يمكن الحكم ان هذا الأي بيIP يقوم بهجمة للحرمان من الخدمة ! عنـدها سيقوم النظام بالكتابة في ملفات من نـوع htaccess وذلـك لمنـع ذلـك IP مـن الوصـول إلى موقعـك (أو أجزاء من موقعك تستطيع تحديدها أيضا).

دعمه لخدمات الحماية من هجمات الحرمان من الخدمة الموزعة (DDOS)

لن يستطيع هذا النظام الحماية من هجمات الحرمان من الخدمة الموزعه DDOS إذا كانت الهجمات تتم عن طريق عدد كبير جدا من أرقام الأي بي، اما إذا كانت الهجمه تتم عن طريق عدد محدود من أرقام الأي بي، فمن خلال ضبط الإعدادات بشكل أكثر صرامة سيكون بمقدورك إيقاف أو الحد من هذه العمليات بشكل كبير.

الحلول المناسبة لتفادي هجمات الحرمان من الخدمة

الطريقة المثلى لجعل شبكتك آمنه من هجمات حجب الخدمة المستقبلية هي الإشتراك في القائمة البريدية "لفريق الإستجابة لطوارئ الحاسب CERT أو Computer Emergency Response Team من موقعهم الخاص .

أيضا توجد معلومات تقنية مهمة، للتصدي لهجمات حجب الخدمة إذا كنت تعمل مديراً لشبكة ويب، أو كنت مسؤولاً عن أحد مواقع ويب، فمن المؤكد أن تكونعمليات التشويه وحجب الخدمة الأخيرة، التي تمت خلال شهر فبراير، والتيطالت أكبرمواقع إنترنت في الدول العربية والعالم، سببت لك قلقاً كبيراً على وظيفتك، وربما بعضاً من الكوابيس ليلاً! وننصحك لذلك، بالاطلاع على الدراسات التقنية في المواقع التالية، التي تشرح بتوسع طرق عمل عمليات حجب الخدمة، مع عرض أفضل الوسائل التقنية للوقاية منها، وتحري مصادرها: خلاصة ورشة عمل، أجرتها منظمةCERT ، للتعامل مع هجمات حجب الخدمة .

مضاد الفيروسات

هو برنامج يستخدم لمنع واكتشاف وإزالة البرمجيات الخبيثة، بما فيها فيروسات الحاسب، والديدان، وأحصنة طروادة، ويمكنه أيضا منع وإزالة الأدوير، برامج التجسس، وغيرها من أشكال البرمجيات الخبيثة.

عادة ما توظف مجموعة متنوعة من الاستراتيجيات تشمل الفحص المستند على الكشف عن نماذج معروفة من البرمجيات الخبيثة في كود قابل للتنفيذ ومع ذلك فمن الممكن للمستخدم أن يكون مصابا ببرمجيات خبيثة جديدة التي لا يوجد حتى الآن لها توقيع (Virus Signature Database).

ولكن، مهما كانت برنامج مكافحة الفيروسات مفيدة، في بعض الأحيان يمكن أن تكون لها عيوب، فيمكن لبرامج مكافحة الفيروسات أن تقلل أداء الحاسب إذا لم تكن مصممة بكفاءة (وأكبر مثال على ذلك هو برمجية نورتون لمكافحة الفيروسات) وقد يواجه المستخدمين غير الخبراء مشكلة في فهم الأوامر والقرارات التي يقدمها برامج الحماية من الفيروسات، وقد يؤدي القرار غير صحيح إلى الإخلال بالأمن.

إذا كان برنامج مكافحة الفيروسات يعمل على اكتشاف إرشادي (من أي نوع)، سيعتمد نجاحه على ما إذا كان يحقق التوازن الصحيح بين: الايجابي الزائف والسلبي الزائف.

يمكن أن يكون الايجابي الزائف مدمر مثل السلبي الزائف في حالة واحدة عندما يكن هنالك خلل ببرنامج المكافحة، وحدثت مرة عندما أزال برنامج فحص فيروسات به خلل أصدرته شركة سيمانتيك عن طريق الخطأ ملفات نظام التشغيل الأساسي، وترك الآلاف من أجهزة الحاسوب غير قادرة على الإقلاع.

أخيرا، يعمل برنامج مكافحة الفيروسات عموماً في مستوى نواة نظام تشغيل موثوق به ويجد الطرق المحتملة للهجوم.

بالإضافة إلى العيوب المذكورة أعلاه، فإن فعالية برامج الحماية من الفيروسات تم أيضا بحثها والجدال حولها، وجدت الدراسة أن نجاح كشف برامج مكافحة الفيروسات الكبرى انخفض على مدى فترة سنة واحدة.

تاريخ مكافحات البرمجيات الخبيثة

هناك ادعائات متنافسة عن ابتكار أول منتج لمكافحة الفيروسات ربما المرة الأولى الموثقة علنا لإزالة فيروس حاسوب قام بها بيرنت فيكس في عام ١٩٨٧.

ثم صدرت أدوات الدكتور سولومون المضادة للفيروسات AIDSTEST و AntiVir في عام ١٩٨٨

.

الدكتور أهن تشول سو (تشارلز أهن، مؤسس شركة أهنلاب AhnLab) في كوريا الجنوبية أصدر أيضا برامج الحماية من الفيروسات سمى 'اللقاحات ' I في ١٠ يونيو ١٩٨٨ .

بحلول أواخر عام ١٩٩٠، كان يوجد تسعة عشر منتج مضاد للفيروسات منفصل بما فيهم ذلك نورتن ومكافي فري سكان.

من أوائل المساهمين في العمل على فيروسات الحاسوب والتدابير المضادة، فريد كوهين، بيتر تيبت، جون مكافي وأهن تشول سو.

قبل استخدام الإنترنت على نطاق واسع، كانت الفيروسات عادة ما تنتقل عن طريق الأقراص المرنة المصابة، استخدمت برامج مكافحة الفيروسات، ولكن كان يتم تحديثها بصورة نادرة نسبيا، خلال هذا الوقت كانت من الضروري على مضاد الفيروسات فحص الملفات القابلة للتنفيذ وقطاعات الإقلاع للأقراص المرنة والصلبة. لكن بزيادة استخدام الإنترنت، من خلال استخدام أجهزة المودم، انتشرت الفيروسات عبر الإنترنت.

ومَثل الماكرو (المستخدم في تطبيقات معالجة الكلمات، مثل مايكروسوفت وورد) المزيد من الخطر، حيث بدأ كاتبي الفيروسات باستخدام الماكرو لكتابة

الفيروسات المضمنة في وثائق، هـذا يعني أن أجهـزة الحاسـوب يمكـن أيضـا أن تكـون الآن في خطـر مـن العدوى عن طريق الوثائق المرفق بها ماكرو خفي مثل البرامج.

في وقت لاحق أصبحت برامج البريد الالكتروني، وخصوصا مايكروسـوفت أوتلـوك إكسـبرس وأوت لوك، معرضة للفيروسات المضمنة في جسم البريد الإلكتروني نفسه. الآن، يمكن أن يصـاب جهـاز الحاسـوب الخاص بالمستخدم فقط عن طريق فتح أو معاينة رسالة هذا يعني أن مضاد الفيروس يجب عليـه فحـص العديد من أنواع الملفات، وبانتشار الاتصالات واسعة النطاق صدر المزيد والمزيد من الفيروسات، وأصبح من الضروري لتحديث مضاد الفيروسات أكثر فأكثر حتى ذلك الحين أصبح فيروس اليوم صفر ينتشر ـ عـلى نطاق واسع قبل أن تصدر شركات مكافحة الفيروسات تحديثا للحماية منه.

أساليب التحديد التي يعتمدها المكافح

هناك عدة طرق يمكن ان تستخدمها برامج الحماية من الفيروسات لتحديد البرمجيات الخبيثة.

<u>الفحص المستند على الكشف</u> هو الأسلوب الأكـثر شيوعا، لتحديد الفيروسـات والبرامج الخبيثة الأخرى تقارن برامج الحماية من الفيروسات محتويات ملف إلى قاموس فحص الفيروس، لأن الفيروسـات يمكنها تضمين نفسها في ملفات موجودة يتم البحث في الملف بأكملـه، ليـس فقـط ككـل، ولكـن أيضـا في القطع.

<u>الكشف على نشاط البرمجيات الضارة</u> هو أسلوب آخر متبع لتحديد البرمجيات الخبيثـة، في هـذا الأسلوب ترصد برامج الحماية من الفيروسات نظام للاشـتباه في تصرفات البرنـامج إذا تـم الكشف عـن سلوك مريب قد يتم مزيد من التحقيق في البرنامج وذلك باسـتخدام الفحـص المسـتند على الكشـف أو أسلوب آخر

المذكور في هذا القسم ويمكن استخدام هذا النوع من الكشف لتحديد الفيروسات غير المعروفة أو نسخ أخرى من الفيروسات الموجودة.

الكشف القائم على الحدس مثل الكشف عن البرمجيات ضارة النشاط، يمكن أن تستخدم لتحديد فيروسات غير معروفة ويمكن تحقيق ذلك من خلال طريقتين :

١- ملف تحليل ومضاهاة الملف

تحليل الملف هي عملية البحث عن ملف يشتبه في انه مثل تعليمات للفيروس على سبيل المثال، إذا كان البرنامج يحتوي على تعليمات لإعادة صياغة درايف سي، قد يحقق برنامج مكافحة الفيروسات مواصلة التحقيق في الملف، من سلبيات هذه الميزة هي كمية الموارد الحاسوبية اللازمة لتحليل كل ملف، مما يؤدى إلى بطء العملية .

مضاهاة الملف هو نهج إرشادي آخر ينطوي مضاهاة ملف على تنفيذ برنامج في بيئة افتراضية، وتسجيل إجراءات التي ينفذها البرنامج اعتمادا على إجراءات تسجيل، يستطيع برنامج مكافحة الفيروسات لتحديد ما إذا كان البرنامج هو ضار أم لا ومن ثم تنفيذ الإجراءات المناسبة التطهير

٢- الفحص المستند على الكشف

مسح الفيروسات يعتمد على سطر الأوامر، تقليديا برامج مكافحة الفيروسات شديدة الاعتماد على التوقيعات لتحديد البرمجيات الخبيثة ومع هذا لا يمكن أن تكون فعالة جدا، لكنه لا يستطيع الدفاع عن نفسه ضد البرمجيات الخبيثة إلا بشكل محدود .

أدوات إزالة البرمجية الخبيثة

أداة إزالة الفيروسات هي برامج لإزالة فيروسات معينة من أجهزة الحاسوب المصابة على عكس مضادات الفيروسات الكاملة، فإنها عادة لا تهدف إلى كشف وإزالة قائمة واسعة من الفيروسات، بل هي مصممة لإزالة فيروسات محددة، وعادة ما تكون أكثر فعالية من برامج مكافحة الفيروسات العادية كما أنها في بعض الأحيان مصممة لتقوم بالعمل في أماكن التي لا تستطيع العمل لها برامج مكافحة الفيروسات العادية وهذا يفيد في حالة وجود جهاز الحاسوب مصاب بشدة.

وتشمل الأمثلة على هذه الأدوات مكافي ستينغر ومايكروسوفت ويندوز ماليشيوس سوفتوير ريموفال تول الذي يتم تشغيله تلقائيا عن طريق تحديث ويندوز.

تأثر أداء الحاسوب بسبب المكافح

بعض برامج مكافحة الفيروسات يمكن أن يؤدي إلى تقليص كبير الأداء، يمكن للمستخدمين تعطيل الحماية من الفيروسات للتغلب على فقدان الأداء مما يزيد من خطر الإصابة .

تشغيل عدة برامج مكافحة الفيروسات في الوقت نفسه يمكن أن يخفض الأداء ويخلق تعارضات، فمن الضروري في بعض الأحيان تعطيل الحماية من الفيروس بشكل مؤقت عند تثبيت التحديثات الكبرى مثل حزم الخدمات ويندوز أو تحديث برامج تشغيل بطاقة الرسومات، تنشيط الحماية من الفيروسات قد يمنع جزئيا أو كليا تثبيت التحديث الكبير.

تكاليف تجديد حماية المكافح

تتضمن بعض اتفاقيات ترخيص المستخدم النهائي لبرامج مكافحة الفيروسات التجارية إدراج شرط ان الاشتراك سيتم تجديده تلقائيا، وسيتم السداد من بطاقة الائتمان المشتري تلقائيا، في وقت التجديد دون موافقة صريحة، على سبيل المثال: يطلب "مكافي" من المستخدمين إلغاء الاشتراك على الأقل قبل ٦٠ يوما من انتهاء الاشتراك الحالي في حين" بيتدفندر" يرسل الإخطارات لإلغاء الاشتراك قبل ٣٠ يوما من التجديد، وأيضا يجدد "نورتن أنتي فيرس" الاشتراكات تلقائيا في الوضع افتراضي.

التطبيقات مفتوحة المصدر والبرمجيات الحرة، مثل "كلام أي في"، تقدم كل من تطبيق المسح والتحديثات مجانا ولذلك لا يوجد اشتراك للتجديد.

الحفاظ على الخصوصية

قد يتم تهيئة بعض برامج مكافحة الفيروسات تلقائيا لإرسال الملفات المصابة أو المشبوهة إلى المطور لمزيد من التحليل، ويجب الحذر عند تحديث برامج الحماية من الفيروسات لضمان أن الوثائق التي تتضمن معلومات سرية أو خاصة لا يتم إرسالها إلى مطور المنتج دون أذن المستخدم.

التطبيقات الأمنية الفاسدة

انتشرت العديد من البرامج التي تدعي أنها برامج مكافحة للتجسس ووزعت على نطاق واسع على شبكة الانترنت، والتي ترسل للمستخدم تحذيرا مزيفا بوجود برامج تجسس على جهازه والتي تدفعه لشراء هذه البرامج حتى تزيلها، والتي إلا أنها لا تفعل ذلك، بل الأسوء من هذا، يمكنها أن تثبت المزير من برامج التجسس.

من أمثلة عن هذه البرامج:

- Spydawn
- Spylocked
- SpyShredder
- Spy Sheriff
- Spy Wiper
- UltimateCleaner
- WinAntiVirus Pro ٢٠٠٦
- WinFixer
- WorldAntiSpy
- AntiVirus Gold
- ContraVirus
- Errorsafe
- MacSweeper
- PAL Spyware Remover
- Pest Trap
- PSGuard
- SpywareStrike
- Spyware Quake

مكافحة البرمجيات الخبيثة على الأجهزة المحمولة

بدأ بائعين مكافحة الفيروسات لتقديم حلول لفيروسات الهواتف المحمولة وتنطوي هذه الأجهزة على تحديات كبيرة لبرامج مكافحة الفيروسات، مثل قيود المعالجات الصغرى، وقيود الذاكرة وتحديثات الفحص الجديدة لهذه الهواتف النقالة.

فعالية برامج المكافحة

أظهرت دراسات في ديسمبر ٢٠٠٧ أن فعالية برامج مكافحة الفيروسات قلت كثيرا عما كانت عليه منذ بضع سنوات، وخصوصا ضد الهجمات المجهولة أو هجمات اليوم صفر، وجدت ألمانيا مجلة الكمبيوت الألمانية *c't* أن معدلات الكشف عن هذه التهديدات قد انخفض من ٤٠-٥٠ ٪ في عام ٢٠٠٦ إلى٣٠-٢٠ ٪ في عام ٢٠٠٧. في ذلك الوقت، كان الاستثناء الوحيد هو برنامج مكافحة الفيروساتNOD٣٢ ، الذي تمكن من الكشف عن نسبة ٦٨ في المئة.

المشكلة يضخمها تغيير هدف كتاب الفيروس، منذ بضع سنوات كان واضحا وجود عدوى الفيروسمن فيروسات اليوم التي كتبها هواة، تظهر سلوكا مدمرا أو نوافذ

منبثقة ولكن الفيروسات الحديثة غالبا ما تكون مكتوبة بواسطة محترفين، وتمولها منظمات إجرامية ليس في مصلحتهم لجعل فيروسات أو [illegible] واضحة، لأن الغرض منها هو خلق برمجيات خبيثة أو سرقة المعلومات لأطول فترة ممكنة دون ملاحظة المستخدم، إذا كان المستخدم المصاب لديه منتج مكافحة الفيروسات قليل الفعالية والذي تقول إن الحاسوب نظيف، قد لا يكتشف الفيروس. في أيامنا هذه، الفيروسات عموما لا تحاول أن تغمر على شبكة الإنترنت بدلا من ذلك، تتخذ الفيروسات أسلوب أكثر سيطرة، لان تدمير ناقل للعدوى لا يؤدي إلى تحقيق مكاسب مالية.

مضاد الفيروسات السحابي

هو مضاد فيروسات متقدم أنتجه علماء من جامعة ميتشيغان، في برامج مكافحة الفيروسات الحالية يتم مسح الوثيقة الجديدة أو البرنامج بمضاد فيروسات واحد في نفس الوقت، اما المضاد السحابي سيكون قادر على إرسال برامج أو وثائق إلى شبكة سحابية حيث ستستخدم مضادات فيروسات متعددة في وقت واحد، وهي أكثر دقة وأيضا لديها القدرة على التحقق من تاريخ فتح الوثيقة الجديدة أو البرامج.

في كل مرة يستقبل حاسوب أو جهاز وثيقة جديدة أو برنامج، يقوم هذا البند باكتشافها تلقائيا ويتم إرسالها إلى سحابة مضاد الفيروسات لتحليلها، و يستخدم ١٢ الف كاشف مختلف لإخبار المضاد الرئيسي- إذا كان الملف آمناً ام لا.

أشهر مكافحات الفيروسات

ماكافي انتي فايروس

ماكافي هي إحدى الشركات الصانعة لمضادات الفايروسات وتسعى أحد أكبر شركات الحماية الإلكترونية "مكافي" للبحث عن مختبرين لبرنامجين جديدين للتأكد من خلوهما من المشاكل قبل إطلاقهم للأسواق بشكل رسمي، وهذين البرنامجين

حزمة حماية مكافي المتكامل -مكافي توتال بروتيكشن سويت- وهو عبارة عن مجموعة برامج في واحد بحيث يوفر للمستخدم حزمة مكافحة وحماية شامل ومتكامل؛ فحزمة حماية مكافي المتكاملة تحتوي على ١٢ برنامج في برنامج واحد.

وليس ذلك فحسب فلم تنسى مكافي وضع برنامج برنامجها الشهير مرشد المواقع لمكافي الإصدارة المتقدمة -مكافي سايت أدفيسور بلس-. وهو بمثابة دليل المستخدم على الشبكة العنكبوتية؛ حيث يرشدك إذا الموقع الذي عليه آمن أم أنه خطر أم أنه محل إشتباه، والبرنامج الآخر هو مخزنك الشخصي- -مكافي بيروسونال فولت- ووظيفته حماية ملفاتك ومجلداتك الشخصية سواء كانت تحتوي على وثائق مالية، صور، فيديوهات؛ كما يوفر لك حماية متقدمة خصوصا من اللصوص الإلكترونين والمخترقين وليس ذلك فقط ولكنه يستطيع حمايتك أيضا من الأشخاص الذين يستخدمون نفس حاسبك. فمكافي بيروسونال فولت يوفر لك حماية لكلمة مرور لمنع أي شخص من الوصول إلى ملفاتك إذا فقد حاسبك أو سرق.

سيمانتك (نورتون أنتي فايروس)

هي شركة عالمية تأسست في عام ١٩٨٢ لبيع برامج الحاسوب وخصوصا في مجال الأمن وإدارة المعلومات، يقع مقرها في كبيرتينو، كاليفورنيا، الولايات المتحدة الأمريكية؛ وتعمل في أكثر من ٤٠ دولة.

اشتهرت شركة سيمانتك في البداية لنشرها برنامج معالجة الكلمات وقاعدة البيانات كيو & إي خلال التسعينيات ركزت سيمانتك على شراء شركات أخرى بدلا من تطوير برمجياتها الخاصة، وفي وقت مبكر، اشترت شركة نورتن يوتيليتيز التي أنشئت في منتصف الثمانينات بواسطة بيتر نورتن، في الوقت نفسه، كانت سيمانتك معروفة بتطوير أدواتها الخاصة، مثل ثيتك باسكال وثيتك سي وثيتك سي++ وسيمانتك سي++ وحزم فيجوال كيف التي كانت منتشرة في منصات آي بي إم وماكنتوش؛ ولكنها خرجت من مجال المنافسة في أواخر التسعينات كما

هو الحال مع بعض منافسيها كمايكروسوفت وويتروركز واكتسبت بورلاند حصة كبيرة من السوق.

في السنوات الأخير، أصبحت سيمانتك معروفة مع مضادات نورتن والبرامج الخدمية، المنتجات التي صدرت تحت اسم سيمانتك تتضمن نورتن أنتي فايرس، ونورتن كوماندر، ونورتون سيستيموركس، ونورتن إنترنت سكيورتي (الذي يحتوي حاليا نورتن يوتيليتيز) ونورتن ٣٦٠، ونورتن بيرسنال فيروول، ونورتن أنتي سبام، ونورتن غو باك (قديما روسيو غو باك)، ونورتن كونفيدينشال، ونورتن أنتيبوت، ونورتن غوست .

إي ست (نود ٣٢/سمارت سيكيورتي)

هي شركة أمن و تكنولوجيا المعلومات ومقرها في براتيسلافا، سلوفاكيا ، تأسست في عام ١٩٩٢ عن طريق دمج اثنتين من الشركات الخاصة، يملكها حالياً القطاع الخاص ومكاتب فرعية في سان دييغو/أمريكا، ويكفورد/ ايرلندا، لندن/ المملكة المتحدة، بوينس آيرس/ الأرجنتين، وبراغ/ الجمهورية التشيكية.

توفر شركة أي ست برنامج حماية ضد الفايروسات يسمى بإسم Nod٣٢ والنسخة الأكثر تطوراً منه بإسم Eset Smart Security كما يوفر خاصية البحث الفوري على الشبكة لكشف الفيروسات Eset Online Scanner دون الحاجة لتحميل البرنامج بأكملةعن طريق تحميل تطبيق صغير بدون أي مقابل.
تعتبر برمجيات شركة أي ست من أكبر وأقوى برامج المكافحة على شبكة الإنترنت حيث تفوقت على أسماء عملاقة مثل سيمانتك ومكافي، ونتيجة لذلك أصبحت تحتل المراكز الأولى لأفضل ٥ برامج حماية في العالم (حسب موقع Cnet) وذلك لأسباب عديدة مثل توفير خاصية التحديث التلقائي المستمر شبه اليومي وسرعة أداء المكافح وخفة عمله وقلة الإمكانات التي يطلبها من الحاسوب لاتمام عملية الفحص.

موقع فايروس توتال الإلكتروني (virustotal.com)

VirusTotalهو موقع إلكتروني يقدم مجاناً خدمة فحص ملفات الحاسوب المشتبه في كونها فيروسات أو ملفات من نوع "Trojan" أو ملفات من نوع "Worms" أو أي ملف يشتبه في أن يكون لبرنامج ضار بالنظام."Malware".

يميز موقع فايروس توتال أنه موقع مجاني يسمح للمستخدم رفع الملف المصاب أو المشتبه به إلى الموقع، ليقوم الموقع بعد ذلك بفحص هذا الملف مستخدماً ما يقرب من ٤٠ برنامج من أشهر وأقوى برامج مكافحة الفيروسات"Antivirus" ، ثم يقوم بعرض تقرير للمستخدم يوضح فيه نتيجة الفحص، وذلك بعرض اسم المكافح، ونتيجة فحصه وفي حال كون الملف المرسل مصاباً فإن النظام يضمن اسم الفايروس أو الإصابة التي يحويها الملف كما هي في قاعدة بيانات البرنامج الفاحص، إضافة لإصدارة القاعدة الخاصة بالبرنامج ذاته، ويميز هذا الأسلوب أنه يسهل على المستخدم اختيار برنامج مكافحة الفيروسات الأنسب له، وخصوصاً في حاله الفيروسات النادرة والمستعصية على برامج مكافحة الفيروسات.

يقوم موقع فايروس توتال بالتحديث الآلي لقاعدة بيانات الفيروسات لكل برنامج به وبشكل دوري، ويعطي نتائج مفصلة عن الملف المرسل كنوع الضغط أو التشفير، أو المكتبات (مثل المكتبات الديناميكية) التي يستدعيها الملف أثناء عمله، هذا بالإضافة لما يحتويه الموقع من بعض الإحصاءات الخاصة بالفيروسات والتي قد تكون مفيدة في التعرف عليها.

ما يعيب موقع فايروس توتال أنه لا يقوم بإزالة الملفات المصابة بنفسه وإنما يقتصر دوره على الإخبار بالبرامج المناسبة للتخلص منها.

• • •

الجدير بالذكر، أن مجلة عالم الحاسوب - "PC World Magazine" في إصدارتها الأمريكية - قد اختارت موقع فايروس نوبال كواحد من أفضل مائة منتج من المنتجات في حفل امن مواقع الوب لعام ٢٠٠٧.

الجدار ناري

هو جهاز و/أو برنامج يفصل بين المناطق الموثوق بها في شبكات الحاسوب، ويكون أداة مخصصة أو برنامج على جهاز حاسوب آخر، الذي بدوره يقوم بمراقبة العمليات التي تمر بالشبكة ويرفض أو يقرر أحقية المرور ضمناً لقواعد معينة.

وظيفته والغاية من إستخدامه

وظيفة الجدار الناري الأساسية هي تنظيم بعض تدفق أزمة الشبكة بين شبكات الحاسوب المكونة من مناطق ثقة المتعددة. ومن الأمثلة على هذا النوع الإنترنت و- التي تعتبر منطقة غير موثوق بها- وأيضا شبكة داخلية ذات ثقة أعلى، ومنطقة ذات مستوى ثقة متوسطة، متمركزة بين الإنترنت والشبكة الداخلية الموثوق بها، تدعى عادة بالمنطقة منزوعة السلاح(Demilitarized Zone DMZ) .

وظيفة الجدار الناري من داخل الشبكة هو مشابه إلى أبواب الحريق في تركيب المباني، في الحالة الأولى يستعمل في منع اختراق الشبكات الخاصة، وفي الحالة الثانية يفترض به أن يحتوي ويؤخر حريق الموجود في بناء معين من الانتقال إلى بناء آخر.

من دون الإعداد الملائم فإنه غالباً ما يصبح الجدار الناري عديم الفائدة، فممارسات الأمان المعيارية تحكم بما يسمى بمجموعة قوانين "المنع أولاً" للجدار الناري، الذي من خلاله يسمح بمرور فقط وصلات الشبكة المسموح بها بشكل

تخصيصي، ولسوء الحظ فان إعداد مثل هذا يستلزم فهم مفصل لتطبيقات الشبكة ونقاط النهاية اللازمة للعمل اليومي للمنظمات، العديد من أماكن العمل ينقصهم مثل هذا الفهم وبالتالي يطبقون مجموعة قوانين "السماح أولاً"، الذي من خلاله يسمح بكل البيانات بالمرور إلى الشبكة ان لم تكن محددة بالمنع مسبقاً.

أصل التسمية

على الرغم من أن مصطلح "الجدار الناري" قد اكتسب معنى جديد في الوقت الحالي، إلا أن تاريخ المصطلح يعود إلى أكثر من قرن، حيث أن العديد من البيوت قد تم بناؤها من طوب موضوع في الحائط بشكل يوقف انتقال النيران المحتملة، هذا الطوب في الحائط سمي بالحائط الناري.

تاريخ (الجدر النارية)

ظهرت تقنية الجدار الناري في أواخر الثمانينات عندما كانت الإنترنت تقنية جديدة نوعاً ما من حيث الاستخدام العالمي، الفكرة الأساسية ظهرت استجابة لعدد من الاختراقات الأمنية الرئيسية لشبكة الإنترنت التي حدثت في أواخر الثمانينات، في العام ١٩٨٨ قام موظف في مركز ابحاث "Ames" التابع لناسا في كاليفورنيا بإرسال مذكرة عن طريق البريد الاليكتروني إلى زملائه قائلاً فيها "**نحن الآن تحت الهجوم من فيروس مصدره الإنترنت، لقد أصيبت جامعات بيركلي، سان دييغو، لورنس ليفير مور، ستانفورد وناسا ايمز**".

دودة موريس نشرت نفسها عبر العديد من نقاط الضعف في الأجهزة في ذلك الوقت، على الرغم أنها لم تكن مؤذية في النية لكنها كانت أول هجوم من الحجم الكبير على أمن الإنترنت ، المجتمع الموصول على الشبكة لم يكن يتوقع هجوما حتى جاهزاً للتعامل معه.

الجيل الأول: مفلترات العبوة(Packet Filters)

أول بحث نشر عن تقنية الجدار الناري كانت عام ١٩٨٨، عندما قام مهندسون من(DEC) بتطوير نظام فلترة عرف باسم جدار النار بنظام فلترة العبوة، هذا النظام الأساسي يمثل الجيل الأول الذي سوف يصبح عالي التطور في مستقبل أنظمة أمان الإنترنت، في مختبرات AT&T قام بيل شيزويك وستيف بيلوفين بمتابعة الأبحاث على فلترة العبوات وطوروا نسخة عاملة مخصصة لشركتهم معتمدة على التركيبة الأصلية للجيل الأول.

تعمل فلترة العبوات بالتحقق من "العبوات (packets)" التي تمثل الوحدة الأساسية المخصصة لنقل البيانات بين الحواسيب على الإنترنت، إذا كانت العبوة تطابق مجموعة قوانين فلتر العبوة فإن النظام سيسمح بمرور العبوة أو يرفضها (يتخلص منها ويقوم بإرسال استجابة "خطأ" للمصدر).

هذا النظام من فلترة العبوات لا يعير اهتماما إلى كون العبوة جزءاً من تيار المعلومات (لا يخزن معلومات عن حالة الاتصال)، وبالمقابل فإنه يفلتر هذه العبوات بناءً على المعلومات المختزنة في العبوة نفسها (في الغالب يستخدم توليفة من مصدر العبوة المكان الذاهبة إليه، النظام المتبع، ورقم المرفأ المخصص لـ (UDP) (TCP)الذي يشمل معظم تواصل الإنترنت).

لأن (TCP) و (UDP) في العادة تستخدم مرافئ معروفة إلى أنواع معينة من قنوات المرور، فإن فلتر عبوة "عديم الحالة" يمكن أن تميز وتتحكم بهذه الأنواع من القنوات (مثل تصفح المواقع، الطباعة البعيدة المدى، إرسال البريد الإلكتروني، إرسال الملفات)، إلا إذا كانت الأجهزة على جانبي فلتر العبوة يستخدمان نفس المرافئ الغير اعتيادية.

الجيل الثاني: فلتر محدد الحالة("Stateful" Filters)

الجيل الثالث: طبقات التطبيقات(Application Layer Firewall)

بعض المنشورات بقلم جين سبافورد من جامعة بوردو، بيل شيزويك من مختبراتAT&T ، وماركوس رانوم شرحت جيلاً ثالثاً من الجدارن النارية عرف باسم" الجدار الناري لطبقات التطبيقات " (Application Layer Firewall)، وعرف أيضا بالجدار الناري المعتمد على الخادم النيابي Proxy server)وعمل ماركوس رانوم قاد ابتكار أول نسخة تجارية من المنتج. قامت "DEC" بإطلاق المنتج تحت اسم."SEAL"

أول مبيع للمنتج من "DEC"كان في ١٣ أغسطس ١٩٩١ إلى شركة كيميائية متمركزة على الساحل الشرقي من الولايات المتحدة.

الفائدة الرئيسية من الجدار الناري لطبقات التطبيقات أنه يمكن أن "يفهم" بعض التطبيقات والأنظمة (مثل نظام نقل الملفات "DNS" تصفح المواقع)، ويمكنه أن يكتشف إذا ما كان هنالك نظام غير مرغوب فيه يتم تسريبه عبر مرافئ غير اعتيادية أو إذا كان هنالك نظام يتم إساءة استخدامه بطريقة مؤذية ومعروفة.

تطويرات لاحقة

في العام ١٩٩٢ لبوب برادين وانييت ديشون في جامعة جنوب كاليفورنيا كانوا يقومو بعمل تحسينات على مبدأ الجدار الناري، وكان اسم المنتج "Visas" الذي كان النظام الأول الذي له واجهة إدخال مرئية مع ألوان وأيقونات، الأمر الذي سهل عملية تطبيقه والوصول له على حاسوب مشغل بأنظمة تشغيل مثلMicrosoft Windows ، Apple Mac OS .

وفي العـام ١٩٩٤ قامـت شركـة إسرائيليـة اسـمها CHECK POINT SOFTWARE TECHNOLOGIES ببناء مثل هذا النظام داخل برنامج متوفر بشكل كبير اسمه."FireWall-١".

أنواع الجدر النارية

هنالك العديد من فئات الجدران النارية بناءً على مكان عمـل الاتصـال، ومكـان تشـفير الاتصـال والحالة التي يتم تتبعها.

✓ **طبقات الشبكة ومفلترات العبوات(Network Layer and Packet Filters)**

الجدار الناري ذو طبقات الشبكة الذي يسمى أيضا مفلـترات العبـوة، تعمـل عـلى رصـة أنظمـة TCP\IPمنخفضة المستوى، ولا تسـمح للعبـوات بـالمرور عـبر الجـدار النـاري دون أن تطـابق مجموعـة القوانين المحددة. يمكن للمسؤول عن الجـدار النـاري أن يحـدد الأوامـر، وإن لم يـتم هـذا تطبـق الأوامـر الطبيعية، المصطلح فلتر العبوة نشأ في نطاق أنظمة تشغيل "BSD".

الجدار الناري ذو طبقات الشبكة عادة ينقسم إلى قسمين فرعيين اثنين، ذو الحالة وعديم الحالة. تتحفظ الجدران النارية ذات الحالة بنطاق يتعلق بالجلسات المفتوحة حالياً، ويستخدم معلومات الحالـة لتسريع معالجة العبوة، أي اتصال شبكي يمكن تحديده بعدة امور، تشتمل على عنوان المصـدر والوجهـة، مرافئ "UDP و"TCP"، والمرحلة الحاليـة مـن عمـر الاتصـال (يشـمل ابتـداء الجلسـة، المصـافحة، نقـل البيانات، وإنهاء الاتصال). إذا كانت العبوة لا تطابق الاتصال الحـالي، فسـوف يـتم تقـدير ماهيتهـا طبقـاً لمجموعة الأوامر للاتصال الجديد، وإذا كانت العبوة تطابق الاتصال الحالي بنـاءً عـلى مقارنـة عـن طريـق جدول الحالات للحائط الناري، فسوف يسمح لها بالمرور دون معالجة أخرى.

الجدار الناري العديم الحالة يحتوي على قدرات فلترة العبوات، ولكن لا يستطيع اتخاذ قرارات معقدة تعتمد على المرحلة التي وصل لها الاتصال بين المضيفين.

الجدران النارية الحديثة يمكنها ان تفلترالقنوات معتمدة على كثير من الجوانب للعبوة، مثل عنوان المصدر، مرفأ المصدر، عنوان الوجهة أو مرفأها، نوع خدمة الوجهة مثل "WWW"و"FTP"، ويمكن أن يفلتر اعتماداً على أنظمة وقيم"TTL"، صندوق الشبكة للمصدر، اسم النطاق للمصدر، والعديد من الجوانب الأخرى.

✓ **طبقات التطبيقات(Application Layer)**

تعمل الجدران النارية لطبقات التطبيقات على مستوى التطبيق لرصة "TCP\IP"مثل جميع أزمة المتصفح، أو جميع أزمة "TELNET"و"FTP"، ويمكن أن يعترض جميع العبوات المنتقلة من وإلى التطبيق). ويمكن أن يحجب العبوات الأخرى دون إعلام المرسل عادة. في المبدأ يمكن لجدران التطبيقات النارية منع أي اتصال خارجي غير مرغوب فيه من الوصول إلى الأجهزة المحمية.

عند تحري العبوات جميعها لإيجاد محتوى غير ملائم، يمكن للجدار الناري أن يمنع الديدان (worms) والأحصنة الطروادية (Trojan horses) من الانتشار عبر الشبكة، ولكن عبر التجربة تبين أن هذا الأمر يصبح معقدا جداً ومن الصعب تحقيقه (مع الأخذ بعين الاعتبار التنوع في التطبيقات وفي المضمون المرتبط بالعبوات) وهذا الجدار الناري الشامل لا يحاول الوصول إلى مثل هذه المقاربة.

الحائط الناريXML يمثل نوعاً أكثر حداثة من جدار طبقات التطبيقات الناري.

✓ **الخادمين النيابيين(Proxy Servers)**

الخادم النيابي (سواء أكان يعمل على معدات مخصصة أو برامج الأجهزة المتعددة الوظائف) قد يعمل مثل كجدار ناري بالاستجابة إلى العبوات الداخلة (طلبات الاتصال على سبيل المثال) بطريقة تشبه التطبيق مع المحافظة على حجب العبوات الأخرى.

يجعل الخادم النيابي العبث بالأنظمة الداخلية من شبكة خارجية أصعب ويجعل إساءة استخدام الشبكة الداخلية لا يعني بالضرورة اختراق أمني متاح من خارج الجدار الناري (طالما بقي تطبيق الخادم النيابي سليماً ومعداً بشكل ملائم)، بالمقابل فإن المتسللين قد يختطفون نظاماً متاحاً للعامة ويستخدمونه كخادم نيابي لغاياتهم الشخصية، عند إلن يتنكر الخادم النيابي بكونه ذلك النظام بالنسبة إلى الأجهزة الداخلية. ومع أن استخدام مساحات للمواقع الدخلية يعزز الأمن، إلا أن المشقين قد يستخدمون أساليب مثل "IP Spoofing" لمحاولة تمرير عبوات إلى الشبكة المستهدفة.

✓ **ترجمة عنوان الشبكة(Network Address Translation)**

عادة ما تحتوي الجدران النارية على وظيفة ترجمة عنوان الشبكة (NAT) ويكون المضيفين محميين خلف جدار ناري يحتوي على مواقع ذو نطاق خاصة، كما عرّفت في ."RFC ١٩١٨"تكون الجدران النارية متضمنة على هذه الميزة لتحمي الموقع الفعلي للمضيف المحمي. وبالأصل تم تطوير خاصية "NAT"لتخاطب مشكلة كمية "IPv٤" المحدودة والتي يمكن استخدامها وتعيينها للشركات أو الأفراد وبالإضافة إلى تخفيض العدد وبالتالي كلفة إيجاد مواقع عامة كافية لكل جهاز في المنظمة. وأصبح إخفاء مواقع الإجهزة المحمية أمراً متزايد الأهمية للدفاع ضد استطلاع الشبكات.

ظهرت ترجمة عنوان الشبكة في البداية كطريقة للتعامل مع مشكلة قصر عنوان آي بي في٤ (IPv٤ address shortage)وتَفادي الصعوبات حجز عناوين آي بي .أصبحت ترجمة عنوان الشبكة وظيفة أساسية تقوم بها الموجهات المستخدمة في اتصالات أجهزة المنازل والمكاتب الصغيرة بالإنترنت، حيث غالباً ما تفوق تكلفة عناوين آي بي إضافية الفوائد منها. كما تزيد ترجمة عنوان الشبكة أيضاً الأمان حيث تخفي عناوين الشبكة الداخلية تحت عنوان البوابة.(gateway) .

تَستعمل الشبكة المحليّة إحدى عناوين آي بي الفرعيةِ "الخاصّة" المكرسة (العناوين الخاصة المحددة في "RFC١٩١٨" هي ١٩٢,١٦٨، من ١٧٢,١٦ إلى ١٧٢,٣١، ١٠.) وموجه الشبكة أيضاً له عنوان خاص (١٩٢,١٦٨,٠,١ مثلاً). ويكون المسير موصولاً بالإنترنت باستخدام عنوان "عام" واحد يعرف بترجمة عنوان الشبكة المنسوخ (overloaded NAT) أو عدة عناوين "عامة" يخصصها مزود خدمة الإنترنت (ISP)عندما تمر الأزمة من الشبكة المحلية إلى الإنترنت، تتم ترجمة عنوان المصدر في كل رزمة (packet) بشكل تلقائي من العناوين الخاصة إلى العنوان أو العناوين العامة، يقوم الموجه بتسجيل المعلومات عن كل اتصال مفعل (وبالتحديد عنوان الوجهة ورقم المرفأ). عند عودة الردود إلى الموجه، يستعمل المعلومات التي سجلها أثناء مرحلة الإرسال ليحدد وجهتها على الشبكةِ الداخلية لإرسالها. بالنسبة لأي جهاز على الإنترنت، فإن عنوان الموجه ذاته سيظهر كعنوان المصدر والوجهة لكل رزمات الشبكة التي تمر منه.

المساوئ

المستخدمين وراء المسيرات التي تقوم بترجمة عنوان الشبكة لا يكون عندها اتصال متلاصق (end-to-end connectivity)حقيقي ولا تستطيع المشاركة في بعض بروتوكولات الإنترنت. حيث يمكن الإخلال بعمل الخدمات التي تَتطلب إنشاء ارتباطات (TCP) من خارج الشبكة، أو البرتوكولات عديمة الحالة (UDP) فإلا إذا قام مسير ترجمة عنوان الشبكة بأعمال معينة لدعم البروتوكول، فإن

العبوات القادمة لن تستطيع الوصول إلى وجهتها داخل الشبكة. بعض البروتوكولات يمكنها التعامل مع طبقه واحدة من ترجمه عنوان الشبكه بين المضيفين المشاركين (FTP) في "الأسلوب السلبي (passive mode) " على سبيل المثال)، وذلك بمساعدة بوابة تطبيقات الطبقة (application layer gateway))، ولكنها تفشل عندما يكون كلا النظامين منفصلين عن الإنترنت بطبقة ترجمة عنوان شبكة.

يعتبر الاتصال المتلاصق مبدأ رئيسياً في الإنترنت، تعتبر وثائق الإنترنت الحالية ترجمة عنوان الشبكة انتهاكاً للاتصال المتلاصق، لكن ترجمة عنوان الشبكة لها دور فعال، وهناك قلق كبير من استعمال ترجمة عنوان الشبكة في "آي بي في٦(IPv٦) " حيث يعتقد الكثير من المصممين أن "آي بي في٦" قد وجد للتخلص من الحاجة لترجمة عنوان الشبكة.

بعض مزودي خدمة الإنترنت يزودون زبائنَهم فقط بعناوين آي بي"محلية" ولذالك فإن هؤلاء الزبائن مجبرون أن يدخلوا الإنترنت من خلال طبقة ترجمة عنوان شبكة، وهذا ما يستند إليه البعض بقولهم أنّ مثل هذه الشركات لا تقدم خدمةَ الإنترنت بشكل صحيح.

الفوائد

بالإضافة إلى الراحة والكلفة المنخفضة لترجمة عنوان الشبكة، فإن عدم توفر اتصال ثنائي الاتجاه بشكل كامل قد يعتبر في بعض الحالات ميزة بدلاً من اعتبارها نقص، ترجمة عنوان الشبكة تعني الاعتماد على جهاز واحد في الشبكة لبدء أي إتصال مع المضيفين خارج الشبكة، فيقوم هذا الجهاز بمنع أي نشاط مؤذي ينشأ من خارج الشبكة من الوصول إلى الأجهزة داخلها. هذا يمكن أن يحسن من اعتمادية الأنظمة المحلية بإيقاف الديدان (worms) الكثير من الجدران النارية التي تستخدم ترجمة عنوان الشبكة تستعمل هذا الجانب كعنصر رئيسي في عملها.

إن المنفعة الأعظم لترجمة عنوان الشبكة بأنها حل عملي لمشاكل استهلاك فضاء العناوين لـ"آي بي في٤ .(IPv٤ address space)" "فالشبكات التي كانت تحتاج إلى مدى عناوين آي بي من نوع "ب" أو "ج Class B/C IP" يمكنها الآن أن تكون مربوطة بالإنترنت بعنوان آي بي واحد (العديد من شبكات البيوت تعمل هكذا).

برامج مشهورة لترجمة عنوان الشبكة

- IPFilter
- PF (firewall): The OpenBSD Packet Filter
- Iptables masquerading
- Berkeley Software Distribution

نظام المحاكاة الافتراضية

هذا الأسلوب يحاكي نظام العمل، الذي يمنع النظام الفعلي يتم تعديلها من قبل الفيروس كما أنه توقف عن أي محاولات لتغيير النظام برمته تحت الافتراضية. على الرغم من أن هذا قد بصفة عامة يكون هذا هو الحال، قد انتشار العدوى إلى النظام غير ظاهري إذا كان الفيروس هو تصور ذلك أنه بعد إصابة الجهاز الظاهري، فإنه انقطاع (الكراك) البيئة الافتراضية باستخدام واحدة من مآثر وامتد بعد ذلك إلى غير بيئة افتراضية.

بصفة عامة، من دون أي برامج مكافحة الفيروسات على نظام ظاهري لا يزال من الممكن المصابين ويعانون من أضرار أو اتخاذ إجراءات ضارة، ولكن بمجرد أن يتم إيقاف النظام وإعادة تشغيل جميع التغييرات التي سبق والأضرار التي لحقت النظام الظاهري سيتم إعادة تعيين، بهذه الطريقة فإن هذا النظام المحمية وإزالة الفيروس ومع ذلك أي الأضرار التي لحقت بيانات غير المحمية أو unvirtualized سيبقى، وكذلك الآثار الضارة التي تسبب مثل سرقة البيانات.

الكشف على الانترنت

توفر بعض المواقع على الانترنت مسح مجاني للملفات التي تم تحميلها بواسطة المستخدمين، وهذه المواقع تستخدم ماسحات فيروسات متعددة وتقدم تقرير للمستخدم حول الملف الذي تم تحميله. من أمثلة الماسحات الضوئية على شبكة الإنترنت جوتي لمسح البرمجيات الخبيثة .

برامج مراقبة بيانات الشبكة Packet Sniffers

طريقة فعالة لمراقبة الحركة المرورية عبر الشبكة باستخدام أحد برامج مراقبة بيانات الشبكة، حيث يتم من خلاله تجميع البيانات الداخلة والخارجة، وهي طريقة ممكن أن تكون مفيدة في الكشف عن محاولات التسلل عبر الشبكة، وكذلك يمكن استخدامها لتحليل مشاكل الشبكة وتصفية وحجب المحتوى المشكوك فيه من الدخول إلى الشبكة.

وسائل الحماية التي يقوم بها المستخدم بشكل مباشر

هنالك عدة أمور يجب على المستخدم ممارستها للحفاظ على أمن وحماية وخصوصية بياناته ومعلوماته ومنها:

✓ ضع حاسوبك وخصوصاً الحاسوب المحمول دائماً في مكان آمن.

✓ قم بحماية حاسوب بكلمة مرور ويستحسن أن تطفئه وأنت بعيداً عنه.

✓ عليك أن تشك في أي شخص يرغب في الحصول على أي من كلمات المرور الخاصة بك، حتى أولئك الأشخاص الذي يعملون (أو يدعون بأنهم يعملون) في الدعم الفني في شركتك فإن أرادوا الحصول على كلمة المرور الخاصة

بك قم أنت بطباعتها (إدخالها) بنفسك (بحيث لا يرونها) ولا تبلغها لهم شفوياً أو خطيا.

- ✓ قم بانتظام بتغيير كلمة المرور إذا تصادف أن اطلع عليها أحد غيرك، أو حتى إذا شعرت أن أحد ما تمكن من الوصول إليها، ولا تكتب كلمات المرور الخاصة بك في أي مكان ولكن عليك أن تتذكرها بنفسك وقم باختيارها بشكل عشوائي وغير مرتبط بك او بتاريخ ميلاد او بأسماء قريبة لك.

- ✓ لا تعطي أبداً بيانات بطاقتك الإئتمانية لأي شخص كان وحاول قدر الإمكان أن تشتري من مواقع معروفة وذات صيت على الشبكة وابتعد عن المواقع الصغيرة وخاصة مواقع تحميل ورفع الملفات مثل RapidShare .

- ✓ إستخدم دائماً برنامج مكافحة للفروسات وأبقيه في وضعية التشغيل دائماً واحرص على تحديثه باستمرار كلما توافرت التحديثات من المنتج.

- ✓ إبتعد عن الرسائل الإلكترونية الغير معروف مرسلها وحاول تجاهل الرسائل الدعاية والإعلانية لأنها (في الأغلب) تكون ملوثة ببرمجيات تجسسية خطرة.

- ✓ حافظ على تحديث جميع برامجك بما في ذلك أحدث نسخة من برنامج التشغيل الذي تستخدمه، وإذا كنت تستخدم التحديث التلقائي الذي يقوم بالبحث يومياً عن التحديثات عند بدء تشغيل الجهاز، فعليك إعادة تشغيل جهازك يومياً.

- ✓ إبتعد عن المنتجات المقرصنة وقم بشراء المنتج الأصلي وخاصة مكافحات الفيروسات ولا تقم أبداً باستخدام برامج الـ (كراك) لفك حماية البرامج فمعظم هذه الملفات تكون ملوثة وعلى شكل Trojan .

- ✓ إجعل تصفحك على الشبكة خالياً من العيوب وحاول الإبتعاد عن المواقع المشبوهة والإباحية والمنتديات و(خاصة العربية) التي تكون مليئة بالأخطار.

✓ استعمل أحدث نسخة من المتصفح الـذي تستخدمه وواظـب عـلى تحديثـه كلـما تـوفر فمعظـم تحديثات متصفحات الإنترنت تكون لسد ثغرات امنية، ويوصى باستخدام متصفح موزيلا فايرفوكس Mozilla Firefox وApple Safari لاحتوائها على أقل عدد ممكن من الثغرات الأمنية.

✓ لا تضع ذاكرتك الوميضية Flash Memory في أي حاسوب أمامك، وحاول قدر الإمكان الإستعلام من مستخدم الحاسوب الرئيسي إذا كان هنالك أية برمجيات خبيثة موجودة فيه بعلمه، فيمكن لتلك البرامج أن تنقل العدوى لجهازك اذا ما أدخلت (الفلاش ميموري) في حاسوبك مباشرة، تقول بعض الدراسات والإحصائيات ان نسبة كبيرة جداً من البرمجيات الخبيثة في وقتنا الحالي تنتقل بهذه الطريقة فاحذر.

✓ اذا أراد شخص ما أن ينقل لك بعض الملفات عن طريق ذاكرته الوميضية؛ فاسئله عـن أيـة ملوثات قد تكون موجودة فيها إذا أجاب بنعم فلا تقم بأدخالها إطلاقاً وحتى إذا أجاب بـالنفي <u>فلا تقم بفتحها مباشرة</u> ، بل قبل ذلك قم بعمل فحص لذاكرته عن طريق مضاد الفايروسـات المحمـل عـلى جهازك (والذي يُحدث باستمرار) وعند ضمان خلوها من أية فيروسات وملوثات قم بفتحها.

✓ ابتعد عن أنظمة التشغيل القديمة والمنقرضة أمثال Windows ٩٥ و Windows ٩٨ ، فلا زال بعض الناس يقومون باستخدامها ظناً منهم أنها بعيدة عن أخطار البرمجيـات التـي تصيب أنظمـة التشغيل الحديثة ولكنهم مخطؤون تماماً؛ فالأنظمة القديمة تكون هشة وضعيفة أمـام أي هجمـة ولو كانت صغيرة لعدة أسباب منها:

■ تهالك النظام وقدمه حيث لم تكن في تلك الأوقات تقنيات قادرة على مواجهـة هجمـات قاسية وقوية كالتي تحدث في ايامنا.

- توقف الشركات المنتجة عن إصدار تحديثات لهذه الأنظمة مما يضع المستخدم في خطر حقيقي.

- بعض مكافحات الفيروسات الحديثة ترفض أن تُحمل على تلك الأنظمة لقدمها وعدم توافر البيئة المناسبة لعمل المكافح مما يعرض حاسوبك ونظامك مجدداً لخطر كبير.

ويوصى باستخدام أنظمة التشغيل الحديثة من لينوكس وأنظمة مايكروسوفت Windows Vista وWindows SeVen .

✓ مستخدموا أنظمة ماك Mac هم أكثر مستخدموا الحاسوب أمناً في العالم لأن أنظمة التشغيل الخاصة بشركة أبل Apple هي أقوى وأفضل أنظمة تشغيل موجودة حالياً وتعد من أكثرها أمناً وسلامة، لأنها تعتمد إجراءات صارمة بخصوص البرمجيات التي تعمل عليها، ولكنها تعتبر أيضاً من عيوب هذا النظام لعدم توافر صلاحيات مفتوحة لإنشاء البرمجيات والتطبيقات مما يجعله نظام منغلق ومعزول وهذا ما جعله غير منتشر في أسواق العالم على عكس الأنظمة الأخرى التي تفتح آفاقاً للبرمجة والتطوير ولكن أحياناً على حساب الأمن والخصوصية.

✓ هاتفك النقال أيضاً معرض للعدوى وهنالك برمجيات مصممة خصيصاً لتلحق الأذى بهاتفك النقال، قم بتحميل النسخ الخاصة للهواتف لمكافح الفيروسات وواظب أيضاً على تحديثها، تقنية البلوتوث تعرض هاتفك للهجمات الإلكترونية.. لا تقم باستقبال ملف لا تعرف ماهيته أو من هو مرسله، وحاول أن تستخدم هاتف نقال نظامه التشغيلي يعمل بتقنية الـ Java لقدرتها على تجنب الأخطار والهجمات على عكس أنظمة Symbian التي تكون عرضة أكثر للإصابة.

✓ سيارتك معرضة للخطر أيضاً خاصة إذا كانت من الأنواع الحديثة التي تحتوي على حاسوب مركزي لتنظيم سير المركبة، فكشفت صحيفة المانية في عام ٢٠٠٤ عن مجموعة من الفايروسات يمكن ان تصيب حاسوب سيارتك عن طريق عدة أمور منها:

- البلوتوث: معظم السيارات الحديثة تكون مزودة بتقنية البلوتوث تتصل بالهاتف النقال لتكون المركبة بمثابة هاتف، وهذا ممكن أن يعرض السيارة للخطر إذا ما انتقلت برمجية ملوثة عن طريق البلوتوث.

- القرص الصلب: أيضاً تتوافر في السيارات الحديثة أقراص صلبة لتخزين المعلومات الرقمية (الترفيهية) فيها ومن المحتمل أن يتسلل الفايروس الى القرص الصلب ويبدأ بتعطيل عمل أجزاء معينة حسب أهداف الفايروس وطبيعة نشاطه.

لذا فاحرص دائماً على تأمين حماية لسيارتك أيضاً تجنباً لأي هجمات متوقعة أو محتملة يمكن أن تصيبك.

✓ إذا أصابتك هجمة ما سواء أكانت برمجية خبيثة أو إختراق أو تعدي على الخصوصية، قم بإبلاغ أقرب مركز أمني قريب لك (إذا كان الضرر كبيراً)، وقم بإخبار وتحذير من تعرف عن طبيعة الهجمة ومكان تلقيها وطبيعة الإستهداف حتى يتجنبوا الوقوع كضحية لتلك الهجمة إذا ما تواجدوا في مكان أصابتك فيها (موقع إلكتروني، شخص معين، برنامج)، وتجنب إرسال أي رسالة إلكترونية أو نسخ قرص ليزري أو وضع الذاكرة الوميضية داخل جهازك.

المصادر والمراجع

١- القرآن الكريم.

٢- الموسوعة العالمية Wikipedia.

٣- أصول علمي الاجرام والعقاب، د. رؤوف عبيد .

٤- مبادئ علم الاجرام. وعلم العقاب، د. فوزية عبد الستار .

٥- دراسة في علم الإجرام والعقاب، د. محمد زكي أبو عامر .

٦- عبد المنعم فريد، مقالات في صحيفة المحيط.

٧- أحمد ابراهيم زغموت، أبحاث في القرصنة والهكرز.

٨- مواقع متنوعة على شبكة الإنترنت.

فهرس الموضوعات

تم بحمد الله
وفضله